D1717338

Das Assertiveness-Training-Programm (ATP), von Rüdiger Ullrich und Rita de Muynck Anfang der 70er Jahre entwickelt, stellt eine systematische, kontrollierte und umfassende Therapie dar. Als verhaltenstherapeutische Methode zur Behandlung sozialer Ängste, Fehleinstellungen, bei Störungen des Selbstwertgefühls und depressiven Reaktionen hat der Ansatz seit vielen Jahren einen festen Platz in stationärer und ambulanter Therapie.

Dieser Band beschreibt grundlegende Selbsthilfe-Strategien und enthält die Übungen zum Selbstsicherheitstraining des ATP-Grundkurses. Der Aufbau der Übungen zielt darauf hin, dass KlientInnen ihre Ängste überwinden lernen, die ihre Handlungen und Entschlüsse blockieren. Um sich frei und ohne Hemmungen in der Öffentlichkeit bewegen zu können, übt der Klient selbstsicheres Verhalten zunächst in einfachen Situationen.

Rüdiger Ullrich, Dr. med., Diplompsychologe, Arzt für Psychiatrie und Neurologie, ist als Facharzt für psychotherapeutische Medizin und als Fachpsychologe für klinische Psychologie in München vorwiegend auf dem Gebiet der Selbstsicherheitstherapie und Kommunikation und in der Weiterbildung tätig. 1970 hat er zusammen mit *Rita de Muynck* am Max-Planck-Institut für Psychiatrie (München) die Therapieform des ATP begründet und kontinuierlich weiterentwickelt.

Rita de Muynck, Dr. phil., Diplompsychologin, Fachpsychologin für Klinische Psychologie und Vorstandsmitglied der Bayerischen Akademie für Psychotherapie, war in Forschung, Therapie und verhaltenstherapeutischer Weiterbildung viele Jahre in München tätig. Nach erneutem Studium arbeitet sie jetzt als Malerin und ist wissenschaftlich im Bereich Tranceforschung in der bildenden Kunst tätig.

Rüdiger Ullrich
Rita de Muynck

ATP 2:
Einübung von Selbstvertrauen –
Grundkurs

J. Pfeiffer Verlag · München

Die Deutsche Bibliothek – CIP-Einheitsaufnahme

Muynck, Rita de:

ATP / Rüdiger Ullrich/Rita de Muynck. – München : Pfeiffer
2. Einübung von Selbstvertrauen – Grundkurs
6., überarbeitete und erweiterte Auflage 1998

   (Reihe Leben lernen ; Nr. 122,2)

   ISBN 3-7904-0654-6

6., überarbeitete und erweiterte Auflage 1998
Reihe »Leben lernen«
Nr. 122/2

Printed in Germany
Satz: PC-Print, München
Druck: G. J. Manz AG, München, Dillingen
Umschlagentwurf und Titelbild: Michael Berwanger, München
© J. Pfeiffer Verlag, München 1998
ISBN 3-7904-0654-6

Inhalt

E   Anhang   171

A

Therapieaufbau und Wirkungsprinzipien

1. Einführung

Der erste Teil hat Sie mit den Grundzügen der Therapie vertraut gemacht. Die Bedingungen und Formen sozialer Störungen wurden beschrieben und Beispiele zur Anregung Ihrer Selbstbeobachtung gebracht. Vielleicht haben Sie sich in dem einen oder anderen Beispiel mit Ihrem derzeitigen Problem wiedergefunden. Dennoch haben Sie vermutlich nicht alles, was im ersten Band an komplizierten Steuerungs- und Lernprinzipien dargestellt wurde, voll für sich nutzen können. Wir möchten nochmals betonen, dass immer dort, wo bereits Beeinträchtigungen und stärker belastende Probleme vorliegen, die Verhaltens- und Bedingungsanalyse zusammen mit geschulten Verhaltenstherapeuten vorgenommen werden sollte.

Es gehört bereits zur Einübung sozialer Kompetenz, sich qualifizierte Unterstützung und fremde Hilfe nutzbar machen zu können. Für Sie selbst bleibt genügend eigene Arbeit zu tun, die Ihnen kein Therapeut abnehmen kann.

Einen wichtigen Teil Ihrer Verhaltens- und Einstellungsänderung haben Sie mit Ihrer Entscheidung, sich kundig machen zu wollen, Bücher zu lesen und geeignete Therapien und Therapeuten zu suchen, ja bereits in die Wege geleitet.

Zur Vorbereitung der systematischen Therapie mit Hilfe des ersten Bandes im Selbststudium war besonders wichtig, dass Sie sich selbst eigene Ziele setzen konnten. Sie haben die Grundlagen der von Ihnen gewählten Therapieform kennen gelernt. Sie werden nach Ihrer Entscheidung für die Therapie – am besten verträglich – die genaue und konsequente Einhaltung der therapeutisch notwendigen Aktivitäten festlegen. Sie sollten auch jetzt schon den positiven Ausgang der Therapie, den jeder mit etwas Motivation und Lernfreude – im Durchschnitt 80 Prozent der ATP-Teilnehmer – erreichen kann, vorwegnehmen und sich darüber Gedanken machen, was ein erfolgreicher Abschluss dieser Therapie für Sie und Ihre Umgebung bedeuten wird.

Im Verlauf dieses Übungskurses wird es jetzt darauf ankommen, sehr konsequent und systematisch die Regeln der sozialen Steuerung in Handlungen umzusetzen und zu erproben.

Sie sollen Ihnen durch häufiges Wiederholen und durch einen ganz allmählichen Anstieg der Schwierigkeit mit der Zeit so geläufig werden, dass sie Ihnen in Fleisch und Blut übergehen.

Manchmal wird dabei ein Bedürfnis nach mehr Information und einer sofortigen Lösung Ihrer ganz aktuellen Schwierigkeit wach werden. Zum Teil kann dieses verständliche Bedürfnis in den den Kurs begleitenden Einzelsitzungen, zum Teil durch die Wiederholung entsprechender Abschnitte des ersten Teiles wenigstens so weit erfüllt werden, dass »Stillhalteabkommen« und Problembearbeitungen geübt werden, die eine akute Entschärfung schaffen und eine langfristige Abschwächung einleiten. Im Hinblick auf »grundsätzliche«, also bedingungsgerechte und bleibende, Änderungen Ihrer ganz aktuellen sozialen Probleme im Arbeitsbereich, bei Freunden und in der Familie müssen wir Sie jedoch um etwas Geduld bitten. Ohne die langfristige Änderung Ihrer »Programmierungen« und Strategien bleibt es dann oft bei einer Bewältigung immer neuer Probleme. Die Gefahr bei einem solchen Vorgehen liegt vor allem darin, dass Sie zwar mit Hilfe des

Therapeuten »eine Nuss geknackt« haben, aber ständig weiter auf die Hilfe des »Nuss-knackers« angewiesen sind. Schrittweiser Aufbau neuen Verhaltens und die systematische Überwindung von Angst schaffen Ihnen dagegen langfristig jenes Verhaltensrepertoire, das Sie brauchen, um neu auftauchende Probleme und Konflikte selbstständig und zu Ihrer Zufriedenheit lösen zu können.

Der Aufbau der Übungen in diesem Grundkurs zielt vor allem darauf hin, Ängste zu überwinden, die Ihre Handlungen und Entschlüsse blockieren. Um sich frei und ohne Hemmungen in der Öffentlichkeit bewegen zu können, üben Sie selbstsicheres Verhalten in relativ einfachen Situationen, wo Sie nur mit Fremden oder flüchtig Bekannten zu tun haben, ein. Indem Sie die Regeln sozialer Steuerung einüben, soziale Diagnosen zu stellen lernen und neues Verhalten aufbauen, erwerben Sie in diesem Grundkurs die Voraussetzung für eine differenzierende Anwendung selbstsicheren Verhaltens – das Thema des dritten Teiles. Greifen wir aber nicht vor.

Auch in diesem Grundkurs gibt es genug zu tun:
Jede einzelne Übung stellt eine soziale Situation dar, die immer, wenn sie auch noch so einfach erscheint, eine Fülle ganz komplexer Steuerungsmechanismen und Handlungsweisen ermöglicht.

Auch die einfachste soziale Situation kann für den, der sie voll meistert, zu einer Fundgrube neuer Erkenntnis werden, wenn er die Übung nicht einfach als »ein wenig Theater spielen« missverstehen will. Für viele wird es eine *ganz neue Erfahrung* sein – besonders in der praktischen Anwendung der Übungen in der eigenen sozialen Umgebung –, die *Folgerichtigkeit dieser »wenn-dann«-Regeln sozialer Steuerung* zu erkennen.

Ein immer häufigeres Einsetzen und zunehmend bewussteres Erproben der neuen Verhaltensweisen und -regeln lässt Sie auch mehr und mehr *Freude an Ihren gezielten Aktivitäten* gewinnen.

Die möglicherweise noch vorhandene Passivität, das Gefühl der Ohnmacht und Hilflosigkeit, weicht einer verantwortungsvollen Teilnahme.

Die Übungen des Grundkurses wurden so ausgewählt, dass sie zum überwiegenden Teil auch in der Realität ausprobiert werden können. Zum Teil wurden besondere *»Hausaufgaben« für den* betreffenden Übungsabschnitt eingefügt.

Ein *Punkte-Bewertungssystem* soll Ihnen helfen, die Umsetzung der Übungen in Ihren Alltag gemäß der wirksamsten Verstärkungsbedingungen durchzuführen, und Ihnen Informationen darüber liefern, was jeweils bei den Hausaufgaben am wichtigsten ist.

Die Hausaufgaben sind ein unerlässlicher Teil der Therapie. Sie sollten unbedingt durchgeführt werden; mit der Zeit werden Sie das Gefühl, üben zu müssen, verlieren.

Eine Situation, die Sie schon aus der Therapie kennen, sollte automatisch für Sie zur Aufforderung werden, Ihr neu gelerntes Verhalten auszuprobieren. Es ist also wichtig, dass Sie sich nicht »durch die Aufgaben quälen«, um sie gemäß dem Therapievertrag exakt zu erfüllen, sondern dass Sie von sich aus Gelegenheit suchen, gerade dieses Verhalten immer wieder und immer häufiger in ähnlichen Situationen auszutesten.

Neben den Übungen und Hausaufgaben finden Sie in den betreffenden Abschnitten noch praktische Anleitungen über die günstigste Anwendung der Prinzipien, deren Grundlagen im ersten Band des Programms dargestellt worden sind.

Sie haben bereits erfahren, dass Ihnen neben dem lerntheoretischen Aufbau der Therapie und Ihren geschulten Therapeuten in der Regel noch andere Menschen mit ähnlichen Problemen und vergleichbaren Therapiezielen hilfreich zur Seite stehen werden. Diese *Gruppe von gemeinsam Lernenden* ist vom Therapieziel her für jeden Teilnehmer am ATP wichtig: Soziales Verhalten spielt sich eben zwischen mehreren Menschen ab. Es ist daher notwendig, die Regeln und Verhaltensweisen gleich von vornherein in einer sozialen Situation lernen zu können. Am Anfang kann der Gedanke, zu wildfremden Menschen in eine Gruppe gehen zu müssen, vielleicht noch etwas Angst einjagen. Der Therapeut kann Sie aber hierfür vorbereiten. Sie selbst sollten sich jedoch die Notwendigkeit und Vorteile des gemeinsamen Lernens noch einmal vor Augen halten. Die Lerngruppe wird auch nicht gleich all Ihre persönlichen Probleme erfahren, sondern lediglich in den *Problemstunden über Ihre Ziele*, über das, was Sie ver- und erlernen wollen, informiert. Die Mitglieder der Lerngruppe haben ähnliche Ängste und Schwierigkeiten wie Sie selbst. Sie haben denselben Wunsch, diese Probleme zu überwinden und Ihnen zu helfen, so wie Sie bereit sind, anderen bei der Erreichung ihrer Ziele behilflich zu sein. Natürlich werden Sie die Mitglieder der Gruppe im Laufe der Therapie, etwa bei der gemeinsamen Bearbeitung von Hausaufgaben oder einem abendlichen Treffen, noch näher kennen lernen; vielleicht werden Sie sich befreunden und auch später, nach Abschluss der Therapie, noch treffen wollen. Dies ist im Prinzip nicht verwunderlich, wenn Sie an frühere Klassenkameraden denken. Es ist auch wünschenswert, dass Sie die Mitglieder einer Gruppe nicht nur als Übungsteilnehmer kennen, weil eine angenehm aufgelockerte Übungsatmosphäre das Lernen erleichtert. Vergessen Sie am Anfang jedoch nicht, dass hier alle Teilnehmer soziale Schwierigkeiten überwinden wollen und dass es – auch außerhalb der Therapiestunden – nicht sehr sinnvoll ist, die anderen mit persönlichen Problemen und Schwierigkeiten zu überladen. Sie sollten jedoch auch außerhalb der Therapiesitzungen auf gegenseitige Verhaltensformung achten und die Lerngruppe nicht als einen besseren Verein missbrauchen und Ihr altes Problemverhalten auf die Gruppenmitglieder loslassen. Therapie, die wirklich etwas ändern soll, bedeutet, das unter Anleitung Erlernte selbst systematisch und in allen Situationen weiter zu erproben.

Die folgenden Ausführungen sollen Ihr Verständnis für den Aufbau und die Konstruktion der Therapiebausteine vertiefen und eine lebendige Umsetzung der Steuerungs- und Änderungsregeln fördern. Sie werden erkennen, dass Therapie in vielem nur die Umkehrung der Vorgänge bei der Problementstehung bedeutet.
Aus falsch Erlerntem wird Verlernen und aus nicht Gelerntem wird Erlernen.

2. Das Konstruktionsprinzip des ATP

2.1 Die systematische Änderung der Steuerungs-
bedingungen

Sie haben Ihre Schwierigkeiten und Probleme in konkretes Verhalten übersetzt.

Sie haben gelernt, wie dieses Verhalten in einer Situation durch Vorhergehendes und Nachfolgendes gesteuert wird: Wie Sie sich verhalten, was Sie fühlen, denken, sagen und tun, wird also durch diese Situationselemente mitbedingt. Eine Änderung des Verhaltens kann durch eine Änderung der bedingenden Steuerungselemente erreicht werden. Im sozialen Umfeld sind die dazu nötigen »Eingriffe« meist nicht ausreichend durchführbar. In der Therapie jedoch können die vorangehenden und die nachfolgenden Bedingungen systematisch verändert werden. Das alte störende Verhalten wird aus seinen Bedingungen gelöst und neues, zweckmäßiges Verhalten stabil aufgebaut. Da die Beeinflussung zwischen den steuernden Situationselementen und dem Verhalten wechselseitig ist, wird ein in der Therapie neu erlerntes Verhalten in der Folgezeit andersartige Konsequenzen hervorrufen und sich an veränderten Hinweisreizen orientieren. Mit diesem neu gezeigten Verhalten nehmen Sie dann auch Einfluss auf Ihr soziales Umfeld: Andere werden sich Ihnen gegenüber anders als bisher verhalten. Sie werden mit zweckmäßigen Verhaltensweisen mehr Anerkennung, Verständnis, Zuwendung und Achtung erringen. Dies wird wiederum Ihr Selbstwertgefühl verbessern. Die anfangs mühsam geübten Verhaltensweisen werden durch die zunehmend positiven Konsequenzen bekräftigt und häufiger. Sie treten anstelle des bislang meist durch die Vermeidung von Angst und Ablehnung bekräftigten Problemverhaltens. Die Häufigkeit von problematischem Verhalten nimmt ab, die Häufigkeit von effizientem Verhalten nimmt zu. Trotzdem wird das Ausmaß an Bekräftigung nicht vermindert, die »Gesamtbilanz« wird nicht gestört – weil die positiven Konsequenzen lediglich umgruppiert werden. Man wird sogar mehr Bekräftigung erhalten. Die »Gesamtbilanz« wird sich gegenüber dem jetzigen Zustand bessern, weil die unangenehmen Gefühle und die negativen Konsequenzen im Umgang mit anderen und in der eigenen Bewertung abnehmen.

Wie nun kann diese systematische Änderung der Steuerungsbedingungen erreicht werden?

2.2 Die kombinierten Mehrfachhierarchien – Zur Schwierigkeitsmatrix des ATP

Wir haben anfangs schon das grundlegende Konstruktionsprinzip des ATP angedeutet. Jede Situation kann durch die *Handlung, durch das Vorhergehende und das Nachfolgende* exakt in ihrer Schwierigkeit festgelegt werden.

Bei sozialem Verhalten wird das **vorhergehende Situationselement**, das meine unangenehmen Gefühle steuert, zumeist durch **die Art, Menge, Bekanntheit, Abhängigkeit und die Nähe meiner Handlungspartner** bestimmt.

Für die Handlung: »Vor anderen reden«, könnte eine Abstufung der schwierigkeitsbestimmenden Partnervariable dann etwa so aussehen wie in Abb. 1 (S. 16).

Ich stelle mir also vor, welche Situation des »vor anderen zu reden« im Hinblick auf die Zuhörer die für mich schwierigste wäre, und trage diese unter 9 in die Partnerstufenleiter (Hierarchie) ein. Dann überlege ich, unter welchen Bedingungen mir dieselbe Handlung keine oder nur sehr geringe Schwierigkeit bereiten würde. In unserem Beispiel wären bei eins die Steuerungsbedingungen von Angst und Schwierigkeit von Seiten der Zuhörer ganz ausgeschaltet. In einer solchen Situation könnte ich erst mal ohne Angst meine Fertigkeiten im Reden üben. Diese Partnerrangfolgen sind innerhalb der wesentlichsten sozialen Handlungsbereiche, etwa den vier Grundhierarchien im ATP, meist ziemlich ähnlich.

Die Angst vor Blamage, Fehlern, Kritik und Misserfolg steigt mit der Zahl und Wichtigkeit der Zuschauer oder Zuhörer an.

Die Schwierigkeit, etwas zu fordern und durchzusetzen, wächst mit der sozialen Funktion und dem Status des Partners (seiner Verfügungsgewalt über Verstärker, meiner Abhängigkeit von ihm). Es fällt leichter, von Mitarbeitern etwas zu erbitten als vom Chef.

Die Schwierigkeit beim Ablehnen ungerechtfertigter und beeinträchtigender Bitten oder »Ansinnen« wächst mit der gefühlsmäßigen Nähe des Partners und der Dauer der Bekanntschaft. Die emotionale Abhängigkeit bestimmt meine Ablehnungsangst. Es fällt leichter, einem Fremden etwas abzuschlagen als dem besten Freund, der Mutter oder dem Partner.

Die Schwierigkeit, Kontakt aufzunehmen, steigt mit der »Attraktivität«, dem Geschlecht, Aussehen und dem Alter des anderen. Auch der Handlungsrahmen, in dem Kontakt angeknüpft und vertieft wird (Ort der Handlung), ist hier eine wesentliche schwierigkeitsbedingende Variable. Es fällt leichter, eine attraktive Person in der Arbeit anzusprechen als in einem Café. Solche Zusatzvariablen, wie der Ort der Handlung sowie Alter und Geschlecht der Person, haben je nach dem Handlungsgebiet einen relativ gleichartigen Hinweiswert für die dadurch bedingte Schwierigkeitssteigerung

Im ATP haben wir diese erste Stufenleiter ansteigender Schwierigkeit, die Hierarchie nach dem Situationselement »Bezugsperson der Handlung« oder »Partner«, nach dem durchschnittlichen Schwierigkeitszuwachs für jeden der vier Handlungsbereiche festgelegt.

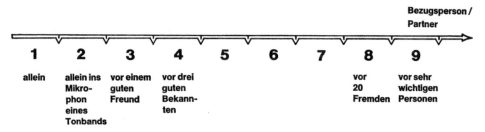

Die erste in den **Abbildungen 1 bis 3** waagrecht dargestellte **Stufenleiter oder Hierarchie nach den Personkriterien** stellt eine systematische Abstufung der **vor** einer Handlung liegenden Steuerungsbedingung dar.

Die **Handlung** ist in ihrer Schwierigkeit durch die vorausgehenden und durch die nachfolgenden Steuerungselemente bedingt. Im Hinblick darauf können wir sie auch als das davon **abhängige** oder **durch beide bedingte Verhalten** definieren. In sich selbst wird die Schwierigkeit einer Handlung noch zusätzlich über ihre *Komplexität* bestimmt. Diese variiert etwa nach Dauer, Kompliziertheit und Wichtigkeit. Die Handlung, dasjenige, was wir sagen oder tun, ist außerdem aber auch in sich *schwierigkeitsbestimmend*, weil sie ein unterschiedliches Maß an Können, das heißt an sozialen Fertigkeiten, verlangt.
Auch die Verhaltensweise oder Handlung wurde in eine Stufenleiter ansteigender Schwierigkeit gebracht.

Die zweite Hierarchie, die **nach der Handlung,** berücksichtigt nicht nur Aspekte steigender Schwierigkeit der Situation selbst, sondern auch die zunehmende Komplexität der notwendigen Lösungsstrategien.
Der zweite Schritt zur Abstufung und systematischen Veränderung der Steuerungsbedingungen im Handlungsbereich könnte für unser Beispiel so aussehen:
Senkrecht zur ersten Hierarchie, derjenigen nach der Person, stellen wir eine zweite Schwierigkeitsachse, die nach dem Verhalten, dar. Wir gehen jetzt so vor wie bei der ersten Hierarchie und legen die schwierigste Verhaltensweise, die wir erlernen möchten, mit der Stufe 9 fest. Dann suchen wir eine Handlungsweise, die noch sehr einfach ist, aber zum Zielverhalten führt, und tragen sie auf der Abstufung 1 ein.
In **Abbildung 2** (S. 17) ist das Koordinatensystem der ersten beiden Hierarchien für die Handlung »Vor anderen reden« dargestellt. Jetzt ziehen wir jeweils die Achsen von der waagrechten »Partnerhierarchie« auf die senkrechte »Handlungshierarchie« und können uns durch diese Kombination »passende Situationen« basteln, die schon in zwei Steuerungsbedingungen festgelegt sind.
Um die schwierigste Situation 9.9 – »Ein freier Vortrag vor sehr wichtigen Leuten mit anschließender Diskussionsleitung« – ohne Angst und mit gutem Erfolg zu meistern, sollten wir am besten damit beginnen, alleine einen Text von zwei Minuten Dauer abzulesen. Daraufhin könnten wir diese Schwierigkeit abwechselnd in Bezug auf die Handlung (fünf Minuten ablesen, zwei Minuten frei sprechen und so weiter) und in Bezug auf die vorangehende Steuerungsgröße, die Partner (gute Freunde, Bekannte, Fremde, wichtige Leute und so weiter), steigern.

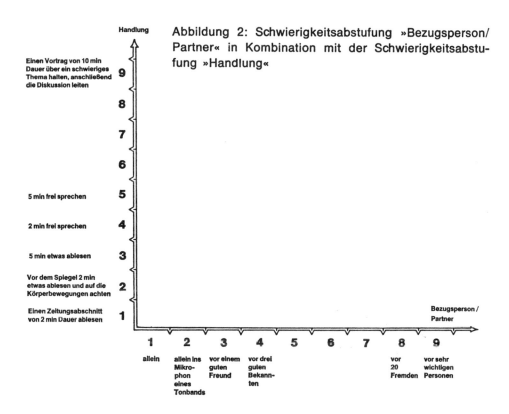

Abbildung 2: Schwierigkeitsabstufung »Bezugsperson/ Partner« in Kombination mit der Schwierigkeitsabstufung »Handlung«

Das dritte verhaltenssteuernde Situationselement, das dem Verhalten nachfolgende, **die Konsequenzen** also – wird in Form einer dritten Stufenleiter im ATP modifiziert. Es wird leichter sein, etwas zu erlernen, wenn positive Konsequenzen unmittelbar und frühzeitig eintreten, als wenn diese erst nach Widerständen oder längeren Handlungsstrategien zu erzielen sind. Die Schwierigkeit von sozialen Situationen lässt sich so präzise in einem dreidimensionalen Achsensystem orten. Die allerschwierigste Situation würde durch die Stufe 9 der Handlungshierarchie, durch die Stufe 9 der Partnerhierarchie und durch die Stufe 9 der Reaktionshierarchie, etwa ausgepfiffen zu werden, definiert sein. Die leichteste Situation aus diesem Verhaltensgebiet (vor anderen reden) würde durch die Kombination 1.1.1 definiert sein. Da negative Reaktionen der anderen gerade dasjenige sind, was soziale Ängste hervorruft, und ein Neulernen unter Strafbedingungen fragwürdig ist, sind die festgelegten Reaktionen bei den Übungen immer positiv. Die dritte Hierarchie wird meist nur bis zur Variable drei, »verzögerte Zustimmung«, gesteigert.

Erst wenn angstfreies und erfolgreiches Verhalten unter diesen Bedingungen erlernt wurde, lassen sich auch Alltagssituationen mit gelegentlichen Misserfolgen angstfrei verkraften.

In unserem Beispiel könnte die vollständige Festlegung der Übungssituation durch die drei Hierarchien dann so aussehen:

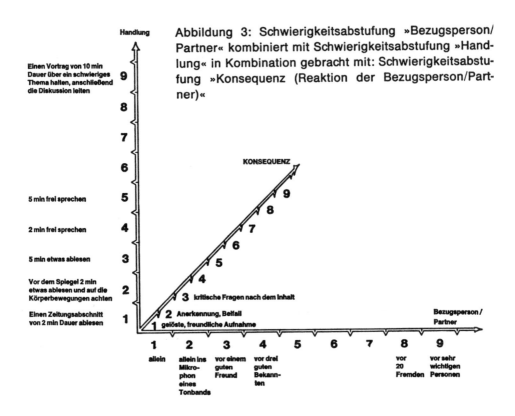

Abbildung 3: Schwierigkeitsabstufung »Bezugsperson/ Partner« kombiniert mit Schwierigkeitsabstufung »Handlung« in Kombination gebracht mit: Schwierigkeitsabstufung »Konsequenz (Reaktion der Bezugsperson/Partner)«

Die schwierigste Situation 9.9 könnte durch die dritte Hierarchie so abgestuft werden, dass die Zuhörer erst in gelöster Stimmung freundlich zuhören (9.9.1), später einfach aufmerksam zuhören, Beifall spenden (9.9.2) und sich schließlich mit kritischen Sachfragen beteiligen, aber im Prinzip mit sachlichem Interesse das Verhalten bekräftigen (9.9.3).

2.3 Das dreidimensionale Bausteinsystem der Übungen

Das Konstruktionsprinzip des ATP erlaubt es, die Feinabstufung sozialen Handelns in den vier Übungsgebieten: »Fordern«, »Neinsagen«, »Kontakt« und »Sich Fehler erlauben und öffentliche Beachtung ertragen«, durch entsprechende Kombinationen mit zahlreichen Situationen festzulegen.

Das ATP enthält aus dieser komplizierten Schwierigkeitsmatrix eine Auswahl von jenen Situationen, die für die Lernziele am zweckmäßigsten und für praktische Übungen am brauchbarsten sind. Die therapeutische Erprobung dieser Situationen hat gezeigt, dass sie im Allgemeinen für die Lernziele ausreichend sind. *Jede Übungssituation ist also durch die drei Situationselemente: Partner, Handlung und Partnerreaktion, in ihrer Schwierig-keit festgelegt.* Die Handlung selbst kann auch als die anhängige Variable der voraus-gehenden Auslöser und der nachfolgenden Konsequenzen begriffen werden.

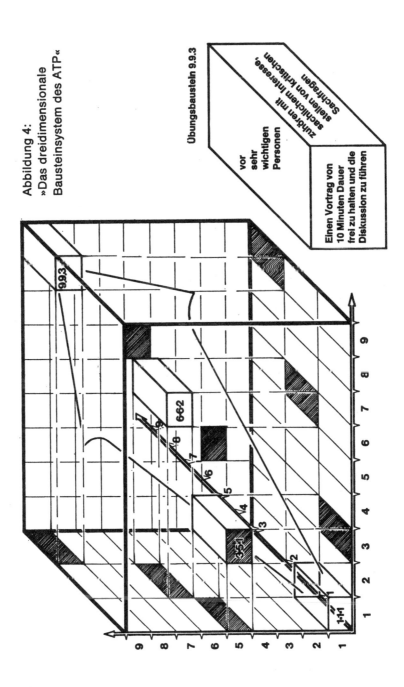

Abbildung 4:
»Das dreidimensionale
Bausteinsystem des ATP«

Jede Übungssituation bereitet eine andere, schwierigere vor. Jede Übungssituation stellt also einen Baustein auf dem Weg zur Bewältigung sehr schwieriger und komplexer Probleme dar. Dieses Bausteinsystem ist in **Abbildung 4** dargestellt.

Der Baustein 1.1.1 aus unserem Beispiel einer der Hierarchien des ATP (Allein – einen Zeitungsabschnitt von zwei Minuten Dauer ablesen – und sich anschließend etwas Gutes tun – etwa entspannen) bereitet etwa die Übung 3.5.1 vor. Der Baustein 3.5.1 (Vor einem guten Freund – fünf Minuten frei sprechen – der einfach freundlich zuhört) hilft in der angstfreien Bewältigung von Baustein 6.6.2, der Baustein 6.6.2 wieder bereitet die nächsten Übungen vor, bis schließlich das gewünschte Zielverhalten in 9.9.3 problemlos möglich wird. Die erfolgreiche Bewältigung von Übungsbausteinen in der Therapie führt zu Sicherheit und Geschick im geübten Verhalten, sie vermindert so das Risiko negativer Reaktionen von anderen und führt zu einer größeren Toleranz gegenüber Fehlern und Kritik.

Die Überprüfung des ATP hat gezeigt, dass die gewählten Abstufungen der Schwierigkeit sowohl in der stationären als auch ambulanten Anwendung ausreichend fein sind. Das bedeutet: niemand wird überfordert. Für ganz gezielte Anwendungsbedingungen können nach diesem Prinzip der Mehrfachkombination von Hierarchien mühelos beliebig viele Zwischenstufen eingefügt werden oder auch neue Hierarchien erstellt werden.

Bei Gruppen mit gleichermaßen günstigen Lernvoraussetzungen kann in einzelnen Anwendungsgebieten die eine oder andere Übung aus der systematischen Erprobung in der Gruppe herausgenommen werden und gleich in Form von Hausaufgaben geübt werden. Ein Verzicht auf das Vorgehen in Lernschritten ist jedoch nicht mit dem Ziel einer systematischen und konsequenten Änderung des Verhaltens vereinbar. Wenn Sie Ihr »drückendstes« Problem – etwa das Verhältnis zu Kollegen, zum Chef, den fehlenden Kontakt überhaupt, die familiären Probleme – sofort und unmittelbar lösen wollen, ohne die Mühen eines Lernprozesses auf sich zu nehmen, werden Sie von dieser Therapie wenig profitieren. Sie können vielleicht durch eine, auf das »drückendste« Problem beschränkte, stufenweise Übung eine akute Lösung finden (etwa die Prüfung bestehen), geraten aber sehr leicht bei ähnlichen Bedingungen erneut in Schwierigkeiten. Solche Improvisations»lösungen« sind langfristig aufwendiger und meist weniger erfolgreich als ein systematisches Neulernen sozialen Verhaltens. Die Fehlbewertungsmuster, die mangelnde Fähigkeit in sozialer Diagnose und Bedingungsanalyse, die Defizite im sozialen Handeln und Angst in anderen Gebieten der Interaktion können fortbestehen. Vermeidungsstrategien bleiben parat und werden bei den geringsten neuen Schwierigkeiten wieder eingesetzt. Eine »Umpolung« der Verstärker zum Zwecke einer dauerhaften »Entkräftigung« des störenden Verhaltens hin zur dauerhaften Stabilisierung eines befriedigenden Alternativverhaltens geschieht mit isolierten Therapieansätzen im Sozialverhalten nur selten.

3. Die therapeutische Anwendung der Steuerungsregeln – Das Wirkungsprinzip des ATP

3.1 Das erste Prinzip: Angstabbau durch schrittweise Konfrontation und das Unnötigmachen von Vermeidungsexzessen

Eine Änderung unserer Probleme und Schwierigkeiten kann nicht durch unsere Wünsche und Gedanken erreicht werden. Alles Spekulieren in der Phantasie, »wie es wäre, wenn …«, kann Ihnen keine richtige Antwort geben, weil Sie die Reaktionen der anderen auf Ihr neues Verhalten gar nicht kennen lernen werden.

Problematische Situationen müssen angegangen, in ihren Bedingungen analysiert und mit den aus der Problemanalyse abgeleiteten Strategien bewältigt werden. Wir suchen die Konfrontation mit unseren Schwierigkeiten und geben das nutzlose und schädliche Vermeidungsverhalten auf.

Wir haben die Problematik unseres Vermeidungsverhaltens ja schon kennen gelernt.

Das **Vermeiden sozialer Situationen steht** einer Änderung meiner Schwierigkeiten auf vielfältige Weise **im Wege**:

Vermeiden

- behindert das Erkennen der eigentlichen Bedingungen meiner Schwierigkeiten,

- kann kurzfristig durch die Beendigung unlustvoller Zustände angenehme Gefühle vermitteln und wird damit immer häufiger auftreten,

- führt zu langfristig negativen Konsequenzen,

- erhält langfristig soziale Ängste oder führt zu einer Verschleierung dieser Ängste durch Vorurteile,

- führt dazu, dass ich aus Mangel an Übung gar nicht mehr weiß, wie die entsprechende Situation zu lösen wäre,

- sozialer Situationen kann unmittelbar verhindern, dass ich meine Wünsche, berechtigten Forderungen und Ansprüche vertrete. Auch echte materielle Nachteile können sich einstellen.

- Das Gefühl, einer erwarteten Reaktion nicht nachgekommen zu sein, berührt in der Regel auch das Selbstwertgefühl und kann über ständige Selbstbestrafung und Selbstabwertung wiederum in Vermeidung jeglicher Anforderungen einmünden.

Das Prinzip der abgestuften Konfrontation mit kritischen sozialen Situationen ist zunächst zur **systematischen Erweiterung meiner Verhaltensbeobachtung notwendig**.

Da ich bislang in vielen sozialen Situationen Vermeidungsstrategien angewendet habe, kann ich diese nicht auf Anhieb sein lassen. Ich kann nicht plötzlich die Konfrontation mit all diesen kritischen Situationen suchen, ohne zu wissen, welches Verhalten ich anstatt meiner bisherigen Vermeidung ausführen soll. Erst wenn ich schrittweise wieder mit einem systematisch aufgebauten zwischenmenschlichen Verhalten beginne, wird allmählich eine ausreichende Beobachtungsfläche für die Bedingungsanalyse meines Vermeidungsverhaltens geschaffen.

Da das Vermeidungsverhalten unmittelbar von der Schwierigkeit der Situation abhängt, wird die systematische Abschwächung des Einflusses der Steuerungsbedingungen eine schrittweise Aufgabe des Vermeidungsverhaltens erleichtern.

Das Prinzip, unangenehme Gefühle und Vermeidungsverhalten durch eine schrittweise Konfrontation zu überwinden, ist als die verhaltenstherapeutische Methode der graduierten Annäherung bekannt. Wenn die Lernschritte fein genug gewählt werden und die Verhaltensprobe in einer gelösten, entspannten und angstfreien Atmosphäre geschieht, entspricht dies der verhaltenstherapeutischen Methode der systematischen Desensibilisierung. Wenn man sich lange und oft genug mit einer bislang vermiedenen Situation konfrontiert (übt), so macht man sich das therapeutische Prinzip der Gewöhnung (Habituation) zunutze. Dort, wo die Auslöser für unangenehme Gefühle und für Vermeidungsverhalten immer wiederkehrende eigene Gedanken sind, wird im ATP die verhaltenstherapeutische Technik des Gedankenstopps eingesetzt. Eine Analyse solcher gedanklicher Auslöser haben Sie bereits vorgenommen. Sie haben konkrete, ausformulierte Gedanken, die unmittelbar einem unangenehmen Gefühl vorausgehen, beobachtet und notiert. Die gedanklichen Auslöser werden durch Unterbrechungssätze oder durch eine Umformulierung aus ihrer engen Verbindung mit den nachfolgenden unangenehmen Gefühlen gelöst. Das Verfahren ist in einem späteren Abschnitt näher geschildert. Im Assertiveness-Training-Programm werden all die genannten therapeutischen Vorgehensweisen eingesetzt.

Das erste therapeutische Prinzip:
Das Verlernen von Angst und unangenehmen Gefühlen durch Konfrontation erfordert von Ihnen die sorgfältige Beachtung folgender Regeln:

1. Unlustgefühle in sozialen Situationen sind ein Signal für eine notwendige Klärung der bedingenden Schwierigkeit und sollten als Hinweis für eine Bewältigung anstelle von Vermeidung bewertet werden.

2. Da Vermeidung nicht nur einem Neulernen im Wege steht, sondern die zu überwindenden Schwierigkeiten immer wieder hervorruft, muss es unterlassen werden. Dies wird zumeist in Form einer schriftlichen Verpflichtung festgehalten (Vertrag).

3. Da eine zu plötzliche Erhöhung der Schwierigkeit bereits überwundene Ängste und Vermeidungsreaktionen wieder hervorrufen kann, ist es unbedingt notwendig, die vom Therapeuten festgelegten Schritte nacheinander zu vollziehen und nicht eigenmächtig vorzugreifen.

4. Da nur die häufige Anwendung des erprobten Verhaltens zur Gewöhnung führt, ist eine gewissenhafte und wiederholte Durchführung der Übungen in »Hausaufgaben« für den Lernerfolg mit entscheidend.

5. Da Sie in der Regel gemeinsam mit anderen lernen, ist es notwendig, alles zu unterlassen, was die Gruppenatmosphäre beeinträchtigt und den anderen durch Kritik oder Unaufmerksamkeit schadet.

Wenn die Verstärker nicht schrittweise von dem akuten, störenden auf neues wünschenswertes Verhalten umgruppiert werden, wird die »Gesamtbilanz« von früher erhältlicher Bekräftigung (meist durch negative Verstärkung) und potentiell neuen Verstärkern aus der verbesserten sozialen Interaktion (positive Bekräftigung) gestört. Altes, früher bekräftigtes Verhalten würde darüber hinaus in Ermangelung von Alternativen bei kritischen Situationen immer wieder ausprobiert werden. Deshalb ist es notwendig, *gleichzeitig mit dem Verlernen von Angst und Vermeidung, neues, eindeutiges und zweckmäßiges Problemlöseverhalten zu erlernen.*

3.2 Das zweite Prinzip: Der Aufbau sozialer Fertigkeiten und kommunikativer Problemlösestrategien

Dies betrifft besonders die Fähigkeit zur eindeutigen und vollständigen Analyse und Mitteilung innerseelischer und zwischenmenschlicher Vorgänge.
Zur therapeutischen Vermittlung dieses Prinzips wird die systematische Änderung der Steuerungsbedingungen wie folgt genutzt: Die Übungen steigen schrittweise nach den erforderlichen Fertigkeiten an. Geht es zunächst noch um das einfache Zeigen angstfreier Äußerungen, so werden später freundliche, bestimmte, geschickte Verhaltensweisen in den Situationen erforderlich, dann deren unterscheidende Anwendung und zum Schluss die selbstständige Lösung komplizierter sozialer Probleme. Nicht nur die erforderlichen Fertigkeiten, auch die Komplexität der Situationen wächst von einfachen, flüchtigen Kontakten (zweiter Teil) zu langfristigen, wechselseitigen Abhängigkeitsverhältnissen (dritter Teil) an. Die systematische Variation der Steuerungsbedingungen benutzt dabei die Prinzipien des Lernens durch positive Konsequenzen (»operantes Lernen«, Lernen am Erfolg) und des Modelllernens.
Der Therapeut und die Übungspartner loben das Verhalten. Dieses »Loben« geschieht nach Regeln, wonach nicht ständig ein und dasselbe Verhalten immer und massiv bekräftigt wird. Dies würde das Lob nur entkräften. Die Therapiegruppe lernt, Verhalten in einer bestimmten Zielrichtung unterscheidend und hervorhebend zu bekräftigen. Die Übungen selbst enthalten eine Abstufung nach der Art der Zustimmung mit einem Verzögerungseffekt.
In den Hausaufgaben wird die *Fertigkeit zur Selbstverstärkung* über ein Punkte-Kategoriensystem geschult.
Das Einüben neuer Fertigkeiten geschieht dadurch, dass man sie in einer therapeutischen Situation erprobt, in der man sich ruhig »Fehler« erlauben kann. Die Möglichkeit, »Fehler« überhaupt zu machen, wird jedoch durch das schrittweise Vorgehen von ganz einfachen zu schwierigen Übungen und durch den Einsatz des Modelllernens eingeschränkt. Der Therapeut und die Gruppenmitglieder geben den Verhaltensablauf in der

geübten Situation vor oder es werden Videomodelle eingesetzt. Das ATP ist dazu mehrfach verfilmt worden. Die Videokassetten und Computerdisketten können derzeit über die »Münchner Therapiefilme« (unter der Adresse der Autoren) bestellt werden.

Durch Nachahmung oder »Modelllernen« werden ganze Verhaltensketten übernommen. Rückmeldungen, gegebenenfalls über Aufzeichnungen bei der Erprobung von Ausdrucksfertigkeiten, geben vor der Anwendung in der Realität ebenso Auskunft über die eventuellen Konsequenzen wie der »Rollentausch« in der Verhaltensprobe. (Man übt selbst und spielt anschließend den Übungspartner für den anderen.) In gleicher Weise, wie neues Verhalten aufgebaut wird, kommt das störende Verhalten durch Nichtbeachtung (Löschung) und aktive Unterlassung unter Verlernbedingungen.

Sie sehen, dass die Regeln der Verhaltenssteuerung – die früher bei Ihrer Erziehung wirksam waren und Ihre gegenwärtigen Probleme beeinflussen – gleichzeitig die Vermittlungsprinzipien zur Änderung ihres Verhaltens darstellen.

Die Regeln der Verhaltenssteuerung sind wertfrei und immer gültig. Sie können zum Guten oder Schlechten genutzt werden, zur Manipulation oder aktiven Mitbestimmung, zur Problementstehung oder zur Problemlösung führen.

Den besten Beweis für die Wirksamkeit dieser Regeln haben Sie selbst zur Genüge erfahren. Obwohl manche Ihrer erlernten Handlungen, Gefühle und Denkweisen sehr störend sind, haben Sie diese bisher durch Willensanstrengung nicht ändern oder unterlassen können. Der eigene Vorsatz oder die Ermahnung durch andere, »Reiß dich doch zusammen«, hilft nicht weiter, wenn er gegen »anders« steuernde Bedingungen oder ohne deren gezielte Berücksichtigung in die Tat umgesetzt werden soll.

Wir können auch sagen, dass die schrittweise Erfahrung angstfreier Verhaltensmöglichkeiten durch unsere abgestufte Übungsfolge das bisherige Schutzverhalten unnötig macht und angstblockierte Handlungs- und Bewertungspotentiale freisetzt. Dieser Weg der Entdeckung von Ressourcen und ihrer funktionalen Freisetzung ist weitaus ergiebiger als eine reine Fertigkeitsschulung. Auch hierin unterscheidet sich das ATP von vielen Methoden, die nur etwas anlernen und antrainieren. Die neue Freiheit, zwischen Nähe und Abgrenzung je nach eigenen Bedürfnissen wählen zu können, macht zudem globale und vorbeugende Ausgrenzungen und Überanpassungen unnötig, was die Voraussetzung für echte und überzeugende, also auch beziehungsverstärkende, Austauschsysteme ist.

Wenn Sie Ihre Ängste verlieren, Ihre Probleme bewältigen und Ihre Konflikte lösen wollen, wird es notwendig sein, einen Teil des **bisherigen Verhaltens aufzugeben:**
zu verlernen, und neue Verhaltensweisen systematisch aufzubauen: zu erlernen.

Das neue Verhalten soll Ihnen positive Konsequenzen ohne den Preis von Angst, Vermeidung, Isolation und Selbstabwertung garantieren. Es soll Ihnen ermöglichen, das alte Problemverhalten aufzugeben, ohne insgesamt weniger Bekräftigung (angenehme Konsequenzen) zu erhalten. Statt Mitleid für Ihre Hilflosigkeit oder Ihre Beschwerden könnten Sie echte Zuneigung für Ihre freundliche Zuwendung erzielen, statt Rücksicht für Ihr vermeintliches Nichtkönnen würde ein Mehr an Anerkennung und Achtung Ihre Selbstwertbilanz aufbessern.

Sie erleiden keinen Nachteil, wenn Sie auf die sowieso nur kurzfristige Erleichterung durch Vermeidungsverhalten verzichten. Das neu zu lernende Verhalten wird nicht durch die Vermeidung von Unlust, sondern durch das Erzielen von positiven Folgen bekräftigt.

Es wird durch Lob erlernt und durch positive Konsequenzen aus Ihrer Umgebung oder Ihrem neuen Wertsystem erhalten und verfestigt.

Die Vielzahl möglicher positiver Konsequenzen wird vorwiegend durch andere Menschen vermittelt. Die tägliche Bestätigung erhalte ich durch eine Vielzahl kleiner »Belohner« im Umgang mit anderen.

Im Augenblick wird noch vieles Angst einflößen, was später angenehm – weil angstfrei – erlebt wird. Vieles, was jetzt noch belohnend wirkt, wird später nicht mehr so empfunden – etwa weil keine Angst mehr durch Vermeidung reduziert wird.

Zu jeder Form positiver Konsequenzen gehört eine spezielle Denk- und Handlungsweise. Wenn wir unser Verhalten ändern, so ändern sich auch die Art und Zahl positiver Bekräftigung.

Wenn wir starr an einer Form unseres erlernten Wertsystems festhalten, wird nur das Verhalten positiv bekräftigt, das zu diesen Folgen führt:

Ein Neulernen ist unmöglich. Sie haben die für Sie wichtigen und aktuell wirksamen Verstärker in den Abschnitten über Werte, Pläne und Vermeidungsstrategien ermittelt. Jetzt geht es darum, bezogen auf die ganz konkreten Verhaltenserprobungen bei den Übungen und bei Ihrer Selbstbewertung, dieses Wissen gezielt einzusetzen und Verstärker vom Vermeidungsverhalten weg auf das neue Alternativverhalten hin umzusetzen. Das Problem besteht in dieser Therapie darin, dass ja nicht nur irgendwelche neuen Tricks vermittelt werden, sondern auch die Werte selbst sich von unnötigen Frust-/ Schutzwerten zu eher bejahenden Lust-Werten hin verändern werden. Nicht nur die Art des neu zu bekräftigenden Verhaltens, sondern auch die Art der Verstärker werden daher in der systematischen Bedingungsvariation des ATP gezielt verändert .

Betrachten wir diese gelernten Verstärker etwas genauer:

Wer viel und oft für Leistungen bekräftigt wurde, wird erfolgreicher sein als andere (er wird häufiger Leistungsverhalten zeigen).

Bei einem solchen Verhaltensstil werden Anerkennung und Erfolg zu den wichtigsten Belohnern gehören.

Wer immer für seine Gebrechlichkeit, seine Hilflosigkeit und Ungeschicklichkeit Liebe, Verständnis, Mitleid, Rücksichtnahme, Entlastung von Verantwortung, Trost empfangen hat, der wird vor allem mit rührender Hilflosigkeit oder leidend handeln. Geborgenheit und Verständnis werden die Hauptbelohnerqualitäten.

Als Adressat von Anerkennung und Lob kommt dieses Verhalten nicht in Frage, effektives, sicheres und verantwortungsvolles Handeln wird nie aufgebaut.

Belohner können dann problematisch werden, wenn sie störendes Verhalten fixieren.

Sie müssen dann auf ein neu zu lernendes Verhalten umgruppiert werden. Dies gelingt nicht immer sofort:

Wenn Sie gemeinsam mit anderen neu zu lernendes Verhalten positiv bekräftigen wollen, wird das oft nur durch Lob und Anerkennung unmittelbar auf die gezeigten Ansätze hin möglich sein. Gleichzeitig müsste jede Form von positiven Konsequenzen von den problematischen Verhaltensweisen weggenommen werden. Schimpfen und Weinen, Spott und resignative Äußerungen müssten unmittelbar ohne die bisher wichtigen Mitleids- und Zuwendungsreaktionen bleiben. Zuwendung wird aber gerade auch durch das bewusstere Helfen ausgedrückt. Dies zu erkennen und zu nutzen ist gerade am Anfang der Therapie wichtig.

Später, wenn Ihre Wahlmöglichkeiten durch ein größeres Verhaltensrepertoire gewachsen sind, werden Sie leichter die Quellen von Bekräftigung finden und gewinnen, die sich ohne Nachteile und Beschränkungen an Ihr neues Verhalten koppeln.

Selbstsicheres Verhalten erhöht die Wahrscheinlichkeit von Anerkennung, Lob und Erfolg, von Kontakt, Zuneigung und Liebe, von Verständnis, Verstehen und Erkennen von Zufriedenheit, Selbstachtung und Erfüllung.

Es muss jedoch in Schritten geübt und zunächst mit einfacheren positiven Konsequenzen bekräftigt werden, bis es so oft und gut gezeigt wird, dass die Bilanz der Belohner die bisherigen Vermeidungswerte überwiegt.

3.3 Das dritte Prinzip: Änderungen der Selbstwahrnehmung und Selbstbewertung und der Ausgleich der Ansprachebilanz

Das dritte Prinzip, nach der Angst-Vermeidungsbewältigung und dem Erlernen sozialer Fertigkeiten, ist der **Aufbau eines besseren Selbstwertgefühls, einer größeren Zufriedenheit mit sich selbst und ein besseres Akzeptiertwerden im Umgang mit anderen.**
Was Sie unterlassen müssten, um dieses Ziel zu erreichen, haben Sie bereits selber erkannt: die Selbstbestrafung, die Abwehr von Fremdlob, die Orientierung an zu hohen oder unrealistischen Ansprüchen und die Vorwegnahme von Misserfolg oder Ablehnung in Gedanken. Was aber Zufriedenheit bedeutet und wie diese aussehen soll, wenn sich so viel ändert – ob Ihnen diese Mühe den erhofften Erfolg bringen kann, welche neuen Probleme in ihrer Umwelt auftauchen könnten, wenn Sie sich geändert haben –, all das ist vor Beginn einer Therapie meist eine reine Frage von »Treu und Glauben«.
Sie kennen jetzt die Erscheinungsformen, die Bedingungen und die Änderungsstrategien für Ihre Probleme. Sie müssen gewohntes Verhalten aufgeben und Neues tun, noch dazu in kleinen Schritten, die Sie nur langsam an die großen, Sie bedrängenden Probleme heranführen. Wird mit dem Störenden nicht auch Positives aufgegeben, mit dem Positiven nicht auch Negatives sich einstellen? Was könnte sich konkret im Umgang mit anderen, in der Arbeit, bei Freunden, in der Familie ändern – wenn Sie Ihr Verhalten ändern? Wir wollen »Zufriedenheit« einmal in unser hier benutztes Bedingungsmodell übersetzen: Zufriedenheit lässt sich dann als der Gefühlszustand bezeichnen, der sich bei einem Überwiegen positiver Konsequenzen unseres Verhaltens einstellt. Dies kann dann eintreten, wenn bislang wirksame negative Konsequenzen seltener werden und positive Konsequenzen unserem neu erlernten Verhalten vermehrt folgen. Wenn wir abschätzen wollen, durch welche möglichen Veränderungen die Therapie auf unser Leben und unsere Zufriedenheit einwirken kann, so sollten wir uns überlegen, welche Handlungen wir häufig ausführen oder ausführen müssen.
Das, was wir konkret in unserem Alltag oft tun – der Weg zur Arbeit, die Gespräche mit Vorgesetzten und Kollegen, mit Freunden, Bekannten und Verwandten, unsere »Hob-

bys« und unser »Nichtstun«, die Erholungs- und Abschalttätigkeiten –, all das stellt die Quelle für mögliche Verstärker dar. Tätigkeiten, die oft und mit ausschließlich positiven Konsequenzen erfolgen, garantieren uns eine befriedigende Haltung zur Umwelt und zu uns selbst. Tätigkeiten, die wir oft tun müssen, obwohl sie ganz oder langfristig negative Konsequenzen liefern, stellen die Quellen für Störungen unserer Zufriedenheit dar. Natürlich geht in eine solche aktive Beeinflussung der Verstärkerbilanz durch Aktivitäten und Selbstinstruktionen Ihre Wertorientierung mit der durch Deprivation und Schutzfunktion gesteuerten Rangordnung ein.

Die tatsächliche Änderung Ihrer Situation setzt an konkreten und systematischen Verhaltensweisen an. Die Verhaltensweisen, Ihre Gewohnheiten, Fertigkeiten und gestörten Handlungsvollzüge werden durch die Wertvorstellung mitbedingt:

Die erwartete Konsequenz lässt Verhalten häufiger oder seltener in einer bestimmten Situation auftreten. Negative Gefühle wie Angst, Hemmung, depressive Stimmung oder Erschöpfung blockieren viele mögliche Aktivitäten und Ansprachequellen. Sie führen damit zu Defiziten im Positiven und, weil sie selbst und der Zwang, sich ständig schützen zu müssen, aversiv sind, gleichzeitig zum Anwachsen oder Exzess an Negativem. Bewertungen können sich unseren – zumeist eingeschränkten – Möglichkeiten anpassen. Der Wert ist dann eine Funktion des Möglichen, Machbaren.

Das dritte Prinzip des ATP kann als dynamisches und systematisches *Umbauen der Verstärkermatrix und -struktur durch veränderte Selbstwahrnehmung und -bewertung* angesehen werden. Zusammen mit den freigesetzten Ressourcen des Verhaltens nach dem Abbau blockierender Emotionen und der Verbesserung interaktiver Fähigkeiten führt es zur positiven Ansprachebilanz und damit zur Verbesserung des Befindens.

Sie haben bereits das *Waagemodell zur Bilanzierung und Steuerung unseres Befindens* kennen gelernt:

Störfreiheit ist dabei die ausgeglichene Bilanz von erlebter Belohnung und Verhalten in Bezug zu den gezeigten Aktivitäten, den Wertigkeiten, den Zielen, den sozialen Möglichkeiten und den Umwelteinflüssen.

Betrachten Sie nun die Waagschale mit dem Zuviel an belastenden unangenehmen Verhaltensexzessen. Diese sollen abnehmen. Besonders schädlich für ein gutes Selbstwertgefühl und Wohlbefinden sind:

Auf der Ebene der Selbstwahrnehmung und der Selbstbewertung

- die Vorwegnahme von Misserfolg und Ablehnung als »Du wirst nie Erfolg haben oder gemocht werden«,

- dann die rückwirkende Negativbewertung als »Du hast schon wieder versagt oder etwas falsch gemacht«,

- dann die ständigen inneren Befehle zu Lustverzicht und Anpassungsleistungen als »Du darfst das nicht«

- oder Du musst erst oder endlich … deine Lebensberechtigung durch Pflichterfüllung, Höchstleistung – zum Vorzeigen – oder durch Liebesdienste und Unterhaltungsdarbietungen nachweisen,

- dann die verinnerlichte Fremdbestrafung als Selbstzensur oder Selbstvorwurf als »Das hättest Du nicht tun dürfen«, »Das war schlecht, falsch, undankbar, egoistisch« (gar nicht zu unserem lieben, artigen, zuverlässigen, genialen oder starken Kinde passend), und schließlich

- die unsäglich vielen Bußleistungen und Wiedergutmachungsvorsätze als »Ein Mensch wie Du hat es nicht anders verdient, als abgelehnt zu werden und isoliert zu sein« oder »Du musst einfach Deine Faulheit, Deine Schwäche oder einfach Dein ganzes Ego überwinden« und »Morgen ganz bestimmt …«.

Genau diese Vorsatzbildung beruhigt ja das schlechte Gewissen wieder. Diese angenehme Konsequenz steigert das vorhergehende Verhalten, also die guten Vorsätze (über eine negative Verstärkung: Die Belohnung besteht in der Abnahme von einem unangenehmen Gefühl). Der Druck zu wirklicher Veränderung lässt nach, die Vorsätze in Gedanken nehmen immer mehr zu. Gleichzeitig steigen die Selbstvorwürfe für das immer problematischer werdende Nichttun an und damit wiederum die Besserungsabsichten. Dies entspricht der Aussage des Sprichwortes »Der Weg zur Hölle ist mit guten Vorsätzen gepflastert«.

Sie haben auch schon andere negative Stimulationen über Bewertungen und Gedanken im Gebiet der Selbstunsicherheit kennen gelernt: der ohnmächtige Hass Menschen gegenüber, die entweder selbst nicht so gehemmt sind und sich in die angebotene Nische des Schüchternen und Zurückhaltenden arglos hineinbegeben, die seine Verletzlichkeit oder Gutmütigkeit bewusst ausnutzen und selbst zu aggressiven Vorwärtsvermeidungen tendieren oder, wesentlich häufiger, die eigenen Regeln nur deswegen verletzen, weil sie als Vermeidungsäquivalent zu eng gefasst wurden, um allgemeine Gültigkeit beanspruchen zu können. Wir können nicht alle anderen langsam machen, wenn wir selbst nicht schnell genug sind, nicht alle zum Bedürfnisverzicht auffordern, wenn wir selbst Wünsche nicht klar artikulieren können, und wir können auch nicht erwarten, dass andere das Gedankenlesen lernen, wenn wir selbst uns nicht trauen, unsere Gefühle und Vorzüge deutlich darzustellen. Die ewige Unverstandenheit und versagte Anerkennung als Folge kann fälschlicherweise der Lieblosigkeit oder dem Egoismus der anderen zur Last gelegt werden und so in der Waagschale negativer Gedanken und durch diese ausgelöster unangenehmer Empfindungen und Befindensweisen erheblich zu Buche schlagen. Solche Bewertungen werden zumeist auf dem Wege der Angstfreiheit durch den Übungsteil der Therapie unnötig gemacht, andere können Sie eventuell schon jetzt verringern. Schauen Sie sich hierzu auch die » Aktivitätsliste« (**Arbeitsblatt Nr. 10**) aus dem Anhang an.

In der Waagschale positiver Ansprache und Aktivitäten liegen auf der Ebene der Selbstwahrnehmung und Selbstbewertung bei selbstunsicheren und bei depressiven Menschen vorwiegend Mangelzustände oder Defizite vor. Sie ist in unserem Bild also zu leicht, während die Waagschale mit dem Unangenehmen zu schwer ist. Die Waage ist »schief« zum Negativen hin. Schon ein missbilligender Blick, ein kalter Regentag oder eine ermüdende Arbeitsleistung können nun zu einer Kippbewegung führen und das labile, meist schon eher ernste oder gehemmte Befinden zu einem akut depressiven oder ängstlichen machen oder – in dem Waagemodell – zu einem Ausschlagen ins Negative führen.

Andererseits kann aber auch ein freundliches Wort, ein sonnig heiterer Tag oder eine interessante Arbeit auch wieder zu einer Ausgleichsbewegung ins Positive mit Wohlbefinden führen. Diese Funktion können im Augenblick die gezielte Steigerung von positiven Aktivitäten und Gedanken übernehmen. Im Laufe der Therapie wird es der eigene Erfolg bei den Übungen und die – für die Gruppentherapie typische – enorme Belohnung gemeinsamen Lernens mit anderen sein. Nach der Therapie wird sich aus dem negativ schiefen oder dem labilen Gleichgewicht der Ansprachebilanz ein stabil positives entwickeln, weil sowohl auf dem Niveau der Selbstbewertung, als auch der Freisetzung blockierter Aktivitäten und belohnter interaktiver Fertigkeiten als auch einer selektiv positiveren Umwelt- und Beziehungsgestaltung positive Anspracheressourcen voll nutzbar gemacht werden und aversive Bewertungen, Empfindungen oder Tätigkeiten stark abnehmen oder beseitigt werden (Angstfreiheit im Fragebogen für 80% der Teilnehmer des ATP).

Die zu überwindenden Defizite in der Selbstwahrnehmung betreffen häufig die Gefühle überhaupt, oft aber auch nur die der Freude und Nähe und die Bedürfnisse, die mit den vorwiegend tabuisierten oder bestraften Wünschen von früher zusammenhängen. Die Beschreibung der körperlich spürbaren Erlebnisvorgänge, ihre gezielte Wahrnehmung und zulassende Verdeutlichung garantiert in den Übungen das Echtsein (versus schlechtes und nicht eindeutiges Schauspielern) und bildet die Basis jeder selbstsicheren Äußerung, weil ohne passende, kongruente Erlebnisseite eine Mitteilung oder Äußerung ohne Überzeugungskraft bleibt. Selbstsicherheit ist vor allem die Fähigkeit zu eindeutigen und vollständigen Mitteilungen, was Gefühl und Körpersprache ebenso einschließt wie die Art der sprachlichen Formulierungen in persönlicher und konkreter Form auf der verlässlichen Basis subjektiver Wahrnehmung des eigenen Zustandes.

Defizite bestehen auch hinsichtlich der Wahrnehmung anderer Menschen, besonders in ihren positiven Aspekten und Hinweisen auf Kontaktbereitschaft. Im Sektor Selbstbewertung verhindert die oft völlige Unfähigkeit, die eigenen Vorzüge anzuerkennen oder Aktivitäten ohne Einschränkung stehen lassen zu können, besonders stark eine positive Füllung der Waagschale (die Lobrelativierung als »dies oder jenes hätte noch besser sein können, unter anderen Umständen und Bedingungen wird die eigene aktuell nicht ganz verkehrte Leistung keinen Bestand haben, das war, wenn es gut geht, doch nur Zufall – wenn es schlecht geht, natürlich mein eigenes Verdienst«). Wir haben diese Abwehr von positiven Bewertungen, von Freude und von Fremdlob bereits als vorbeugende Vermeidung kennen gelernt. Sie muss überwunden werden, wozu anfangs jede Unterbrechung schon hilfreich sein kann.

B

Die Therapievorbereitung

1. Zielsetzung und Kontrolle – Die Basismessung

Die Bedingungsanalyse Ihres Problems hat zu verschiedenen Hypothesen darüber geführt, wie Sie Ihre Ziele erreichen können. Diese hypothetischen Annahmen stützen sich zwar auf wissenschaftliche Regeln und Gesetze sowie auf empirische Befunde, dennoch werden Sie im Einzelfall erst durch die erfolgreiche Umsetzung bestätigt. Die erfolgreiche Umsetzung wird für die Teilnehmer entweder so spürbar, dass eines Tages »ein Knoten platzt« und plötzlich innerlich und äußerlich Befreiung, Offenheit und Freude zutage treten oder sie vollzieht sich in kontinuierlichen Schritten. Da es gelegentlich auf dem Weg zum Ziel auch Schwierigkeiten geben kann und in der Vielzahl der therapeutischen Bemühungen nicht immer das subjektive Empfinden ausreicht, um einen zuverlässigen Check hinsichtlich der erreichten Ziele vorzunehmen, sollten Sie dazu in regelmäßigen Abständen auch Kontrollmessungen vornehmen. Neben den Arbeitsblättern zur Bedingungs- und Zielbestimmung gibt es auch solche, die sich zahlenmäßig auswerten lassen und Vergleichsaussagen zum »Ist- versus Sollzustand«, zu verschiedenen Zielgruppen und hinsichtlich verschiedener Zielaspekte von Selbstsicherheitstherapien benutzen lassen. **Im Anhang finden Sie dazu wieder den Fehlschlagangstfragebogen FAF (Arbeitsblatt Nr. 1) und den Unsicherheitsfragebogen U (Arbeitsblatt Nr. 2).** Einige werden diese wissenschaftlich geprüften Fragebögen schon am Anfang des ersten ATP-Buches ausgefüllt haben. Wenn dies länger als 3 Monate her ist, empfehlen wir eine neue Basismessung jetzt. Kopieren Sie die Bögen vorher oder benutzen Sie nur Bleistiftmarkierungen, weil wir beide Bögen zur Zwischenmessung am Ende des Grundkurse (und natürlich zur Abschlussmessung später) erneut benötigen. Die Auswerteschablonen und die Testbeschreibung aller Fragebogen liegen in einer separaten Testmappe vor. Ihre Therapeuten können Ihnen auf Rückfrage jedoch sicher auch mit der Auswertung und Interpretation helfen. Für einige Teilnehmer mit gut funktionierenden vorbeugenden Schutzstrategien bieten diese Angstfragebogen jedoch keine ausreichende Grundlage zur Therapiekontrolle.

Die Arbeitsblätter Nr. 8 und Nr. 9, das Situationsbewertungssystem SB-EMI-S in der Anlage geben hier die Möglichkeit, eine Situation aus dem Bereich der eigenen Schwierigkeiten und Probleme auszuwählen, und diese – quasi stellvertretend für andere, ähnliche Probleme – nach 13 verschiedenen Unterskalen zu beurteilen. Dieses System ist nach den Ihnen jetzt bekannten funktionalen oder bedingungsanalytischen Steuerungsregeln des Verhaltens aufgebaut. Es misst nicht Merkmale, sondern die Intensität von verhaltensbeeinflussenden Prozessen. In den Arbeitsblättern Nr. 5 und Nr. 6 des ersten Bandes haben sie bereits vier Situationen aus dem Therapieprogramm nach Vermeidungs- und Reaktionsmustern bewertet. Diese Beispiele sind auch zur Auswahl im Arbeitsblatt selbst angegeben. Wählen Sie das für Sie schwierigste oder wichtigste Beispiel aus unseren Übungshierarchien aus und tragen es zur Bewertung in die Fragbögen ein. Sie können zusätzlich ein für Sie ganz zentrales Problem mit den Bögen durchgehen, um auch hier Kontrolle über Ihren Bewältigungsfortschritt oder über mögliche Hindernisse auszuüben. Da Sie einerseits mehrfache Durchgänge für unterschiedliche Situationen und andererseits wiederholte Durchgänge für dieselbe Situation benötigen, sollten Sie mit

Kopien oder verschiedenen Markierungen arbeiten. Die Vorlage von Arbeitsblatt Nr. 9 ist mit veränderten Instruktionen noch zusätzlich als Befindlichkeitsmaß nötig, was weitere zwei Kopien erfordert. Die früher dem Werk separat beiliegenden Bögen waren seitens des Verlages leider nicht mehr anzubieten.

Füllen Sie jetzt zunächst die Bögen für Ihre ausgewählten Testsituationen aus, und zwar immer SB (Nr. 8) und EMI-S (Nr. 9) für das gleiche Beispiel, bevor Sie weiterlesen. Händigen Sie die Bögen Ihren Therapeuten aus.

Die Auswertung kann einmal durch unmittelbaren Vergleich der Anfangsantworten mit den Kontrollmessungen pro Feststellung erfolgen oder über die Auswerteschablonen der Testmappe mit den Gesamtwerten pro Skala. Diese sind so normiert worden, dass sie recht anschaulich in die der Testmappe beiliegenden Kurven mit Vergleichsmöglichkeiten übertragbar sind.

Die bedingenden Faktoren des Verhaltens sind hier abgebildet durch die folgenden Skalen: SB 1: Schwierigkeit versus Einfachheit der Situation und 2. Bedrohlichkeit versus Neutralität auf der Auslöserseite sowie die davon abhängige 3. Skala Vermeidungstendenz versus Annäherungstendenz.

In diesen drei Skalen mit den Bestimmungsgrößen für phobisches Verhalten erwarten wir eine Verschiebung der Werte von den negativen in die positiven Bereiche. Dies gilt besonders auch für die Selbstbewertung, die in der nächsten Skala unter »In der betreffenden Situation fände ich mich selbst zur Zeit:« (Skala 6) angesprochen ist, und die das Verhalten abschwächend oder steigernd beeinflussenden nachfolgenden Konsequenzen erfragt: Negative oder bestrafende in Skala 5 und positive in Skala 4, beide unter der Fragestellung »In der betreffenden Situation würde meine Umwelt wahrscheinlich reagieren mit:«

Das Kürzel »EMI« steht für Emotionalitäts-Inventar. Hier werden unsere gefühlsmäßigen Reaktionen als das von den oben genannten Größen bestimmte Verhalten erfragt. Die Skalen erlauben Intensitätsangaben und exakte Vergleiche in der Verschiebung unangenehmer zu angenehmen Empfindungen in den folgenden Bereichen: Angst versus Angstfreiheit, Hemmung versus Offenheit, depressive versus fröhliche Reaktion, erschöpftes versus dynamisches Gefühl, aggressives versus friedfertiges Empfinden, optimistische versus pessimistische Gefühle, Risikobereitschaft versus Verzagtheit und Verlassenheitsgefühl versus Geborgenheitsgefühl. Wegen der wechselnden Richtung der Auswertung und der wissenschaftlich ermittelten Inhaltsbereiche, die nicht immer mit den Zehnerblocks von Fragen in der abgedruckten Reihenfolge übereinstimmen, wird auch hier ein Auswertungsschlüssel (Schablonen oder Computerprogramme) benötigt. Schablonen sind in der Testmappe enthalten. Die Auswertung übernimmt sicher gerne Ihr Therapeut. Der Einzelvergleich pro Feststellung ist aber auch hier schon eine recht nützliche Kontrollmöglichkeit. Da viele Selbstunsichere dazu neigen, ihre Gefühle zu verbergen, und oft gar nicht mehr richtig wahrnehmen, bietet die Liste auch sehr gute Übungsmöglichkeiten zur *Benennung von Empfindungen*. Hierzu sollten wiederholt wichtige Alltagserlebnisse mit der Liste bewertet werden.

Für die Therapiekontrolle vermag das SB-EMI-S-System auch noch dann Schwierigkeiten aufdecken zu helfen, wenn andere Fragebögen schon »Normalwerte« anzeigen und dennoch einzelne Situationen nicht bewältigt werden.

Wenn Sie einmal eines Ihrer Therapieziele nicht erreichen sollten, dann liegt das wahrscheinlich an falschen Annahmen über Ursachen oder Bedingungen Ihrer Schwierigkeiten. Völlig falsch dürfte eine Bedingungsanalyse durch Fachleute wohl selten sein, Auslassungen und Unvollständigkeiten können sich aber immer wieder einschleichen, weil weder Sie noch Ihre Therapeuten alle Einflussnahmen aus Vergangenheit, Gegenwart und Zukunft erkennen und kalkulieren können. Meistens stellen sich solche Hindernisse im Zielannäherungsprozess der Therapie in Teilbereichen ein, die relativ leicht neu überprüft werden können und dann zur Behebung der Hindernisse führen. Dies kann etwa mit zu hohen Schwierigkeiten einzelner Therapieschritte, mit automatischen Schutzreaktionen gegen die Anleitung durch andere oder Konkurrenzsituationen zusammenhängen. Es drückt fast immer zu geringe Anreizbedingungen für das neue Verhalten im Vergleich zum alten aus. Der Verstärkerwert fürs »Nichttun« ist sehr häufig die Verringerung von Erwartungsangst, der für das Beharren auf dem alten, selbstunsicheren Verhalten der Glaube an die Unentbehrlichkeit vorbeugender Schutzstrategien.

Mangelnde Änderungsmotivation, »Faulheit« oder das Beharren auf dem Bisherigen heißt ja bedingungsanalytisch nur, dass die Verstärker für diesen Zustand größer sind als für den nichtvollzogenen Alternativzustand. Dieser ist entweder durch überwiegend negative Erwartungen aversiv oder er steht durch fehlende positive Erwartungen unter Löschungsbedingungen, hat also keinen eigenen Verstärkerwert. Mit diesem nüchternen, wissenschaftlichen Zugang gelingt es denn auch meistens, solche Barrieren auf dem Weg zum Ziel zu erhellen und gemeinsam zu überwinden. In ganz seltenen Fällen kann es vorkommen, dass trotz des Bemühens um eine Therapie und der Einhaltung der Termine alles getan wird, um sich selbst und den Therapeuten zu beweisen, dass die Betreffenden so einmalig sind, dass bei ihnen durch Niemanden und Nichts Rettung möglich ist. Auch ein solcher Plan zeigt auf, dass er als bevorzugter Verhaltensexzess mehr Verstärkung bringt als die Änderung. Auch der befürchtete Verlust sozialer Abhängigkeiten, Kontrollen oder materieller Vorteile über den alten Krankheitsstatus kann sich gelegentlich so auswirken, das Einzelne einerseits Therapie suchen, andererseits die Therapieziele blockieren.

Neben einer Fülle individueller Änderungswünsche sind die gemeinsamen Ziele für eine Selbstsicherheitstherapie wie dem ATP:

- Abbau sozialer Ängste auf ein normales Maß an Risikoabwägung ohne Blockaden, damit ein Unnötigmachen der mühsamen und langfristig nutzlosen Daueranstrengungen zur Angstvermeidung oder Akzeptanzsicherung;

- verbesserte Selbstakzeptanz mit eigenen Bewertungskriterien und Vertrauen in die eigenen Fähigkeiten und Möglichkeiten;

- verbesserte Fähigkeiten, eindeutig und vollständig über eigene Wünsche Auskunft geben zu können und eigene Belange klar vertreten zu lernen und die der anderen besser diagnostizieren und hinterfragen zu können.

Als »Oberziel« soll sich bei allen dadurch das Befinden bessern oder – umgekehrt – Missempfindungen und Depressionen abnehmen.

2. Die Veränderung von Alltagsaktivitäten zum Ausgleich der Ansprachebilanz

Das Verhalten in einer konkreten Situation ist mit bestimmten Konsequenzen verknüpft. Die Summe der in den einzelnen Lebensbereichen erzielbaren positiven Verstärker und die Summe der gegenwärtigen negativen Folgen bestimmt unser Wohl- oder Missbefinden oder – wir selbst tun dies – über gezielte Veränderungen unserer Aktivitäten und Bewertungen.

Bitte sehen Sie sich jetzt das *Arbeitsblatt* »**Aktivitätsliste – Verstärkerbilanz« (Arbeitsblatt Nr. 10)** *im Anhang* an und arbeiten Sie die einzelnen Abschnitte konsequent durch. Sie finden Alltagsaktivitäten gedanklicher und gefühlsmäßiger Art sowie Handlungen in konkreten Situationen zur Bewertung vorgegeben. Diese Verhaltensweisen haben ganz überwiegend einen gesicherten Bezug zu Messmitteln des Befindens.
Erschrecken Sie nicht über den Umfang. Wenn Sie jede Woche einen Lebensbereich gründlich und systematisch daraufhin ergründen, welche aversiven Aktivitäten vermindert und welche positiven gesteigert werden können und dies auch hier und jetzt umsetzen, so hat sich die Mühe schon gelohnt. Im Verhältnis zu allen anderen Anstrengungen in Ihrer Veränderungsarbeit bietet dieser Bereich eine der einfachsten Ressourcennutzungen zur Steigerung des Wohlbefindens an.

Die Rubrik »Ergänzungen« erlaubt für jeden zusätzliche Aktivitäten zu bewerten, worin etwa auch die in der Erstfassung nicht berücksichtigten Computeraktivitäten ihren Platz finden können. Die Lebensbereiche als Überschrift, wie »zu Hause, wenn ich alleine bin« sollen einmal die Bewertungen durch die Situationsfestlegung erleichtern, zum andern erscheint es sinnvoll, sich jeweils gezielt einen Lebensbereich nach dem anderen zur Bewertung und Veränderung der Ansprachebilanz separat anzuschauen. Füllen Sie jeweils einen Lebensbereich in Ruhe nach den folgenden Gesichtspunkten aus:
Wie häufig haben Sie das entsprechende Verhalten im letzten Monat praktiziert oder erfahren?
Wie angenehm oder unangenehm ist Ihnen die jeweilige Tätigkeit? Der tatsächliche Beitrag jeder einzelnen Aktivität für Ihr Befinden ergibt sich aus der Wertigkeit mit der Häufigkeit mal genommen.
Nach der Wertigkeits- und Häufigkeitseinschätzung Ihrer Aktivitäten lesen Sie sich jetzt jede einzelne Verhaltensweise und die Ereignisse in der Liste noch einmal durch und überlegen, ob diese Aktivität nach der erstrebten Änderung Ihres Verhaltens noch dieselbe Wertigkeit oder Häufigkeit behalten kann wie bisher. Eindeutig aus Vermeidung bestehende Aktivitäten werden entfallen. Damit entfallen aber auch die durch sie bedingten Konsequenzen – sowohl im Negativen als auch im Positiven.
Was wird an die Stelle dieses Verhaltens treten? Welche Konsequenzen und Aktivitäten werden es ersetzen? Werde ich etwa den Freund, der meine Nachgiebigkeit ständig ausnutzt, verlieren, werde ich sein Verhalten ändern können oder neue Freunde finden,

deren Freundschaft mich nicht belastet? Wird mein Partner mich noch umsorgen, wenn ich ein weniger hilfloses Verhalten zeige? Wahrscheinlich nicht. Wird er mich weniger mögen, wenn ich ihm gleichberechtigt, partnerschaftlich begegne? Wahrscheinlich nicht. Müsste auch er sein Verhalten ändern, um mein neues Verhalten zu unterstützen, um mich nicht mehr durch einseitige Kontrolle im früheren Fehlverhalten zu fixieren und um selber ohne Verunsicherung die mögliche Veränderung in seiner »Verstärkerbilanz« zu verkraften? Wahrscheinlich ja. Diese Überlegungen anhand der Aktivitätsliste erlauben eine ungefähre Einschätzung des Veränderungswertes der Therapie für Ihre soziale Gesamtsituation. Sie erlaubt auch eine Abschätzung darüber, wann ein Fehlverhalten großer Häufigkeit ganz aufgegeben werden kann, ohne dass der Verlust an Bekräftigung zu einer Instabilität der Gesamtbilanz führt. Diese zeitliche Abwägung würde die Wertigkeit und Häufigkeit der neuen Aktivitäten berücksichtigen und die Wegnahme von Bekräftigung für Problemverhalten von der bereits erreichten Zufügung von Bekräftigung für neues Verhalten abhängig machen. Sie sollten im Laufe der Therapie und beim Abschluss des ATP diese Listen neu ausfüllen, um solche Verschiebungen in der Verstärkerbilanz in Ihrer Aktivitätsplanung berücksichtigen zu können.

Zunächst jedoch können Sie die Liste so nutzen, dass Sie alle negativ bewerteten Verhaltensweisen mit der Häufigkeit »oft« oder »immer« daraufhin anschauen, ob Sie sich wirklich so oft damit befassen müssen und ob Sie wirklich eine so häufige negative Beeinflussung Ihres Befindens bei sich zulassen wollen oder ob Sie sich dies gegenwärtig in Ihrer Verfassung erlauben können. Überlegen Sie dann, welche dieser unangenehmen Verhaltensexzesse, die Sie zu oft, zu lang und zu intensiv tun, denken oder fühlen, in den jeweiligen Lebensbereichen oder Situationen entbehrlich erscheinen oder verringert werden können. Würde es etwa nicht ausreichen, Gedanken über die Zukunft der Rentenzahlung oder über die Frage zukünftiger Berufsentwicklungen einmal in der Woche oder im Monat zu denken, statt tagtäglich sich den Kopf und die Stimmung zu belasten?
Nun haben Sie ja schon gelernt, dass nicht der sogenannte objektive Anlass Grund für unsere Verhaltensexzesse ist, sondern ganz vorwiegend der Verstärkerwert. Unangenehmes soll durch Vorwegnahme möglicher Risiken oder Missgeschicke greifbarer und weniger bedrohlich gemacht werden. Ähnlich wie bei religiösen Ritualen praktizieren wir unseren Grübelzauber mit der Hoffnung, das mögliche Böse bannen zu können. Ähnlich wie dort werden wir nie wissen, ob die Zukunft dadurch beeinflusst wurde oder nicht. Dies würde ja ein Experiment mit dem Weglassen und Überprüfen erfordern, also Mut und Mühe. Nun, Sie können sicher ganz konkret im einzelnen Ihre Freiräume für ein solches Experiment testen. Benutzen Sie die berühmte Frage nach dem **»Wozu nützt es, wovor schützt es?«** und **»Wozu und für wen ist es hier und jetzt gut, dass ich gerade dies tue?«** Welche akuten Entlastungen oder Beruhigungen verschafft mir das Verhalten oder für welche meiner Angstbereiche praktiziere ich hier Schutzexzesse und Vermeidungspraktiken?
Muss ich dies wirklich im konkreten Moment durchziehen, auch wenn ich weiß, dass ich dadurch mittel- und langfristig immer tiefer in Angst und Depressionen versinke? Sicherlich werden Sie eine ganze Menge solcher Aktivitäten entbehrlich finden und sie auf der Liste streichen können. Vergessen Sie nicht, dass bereits ein einziges Mal weniger Negatives denken oder tun sich schon einmal weniger schlecht fühlen bedeutet!

Negative Verstärkung, also das Herbeiführen weniger schlechter Empfindungen durch Vermeidung, ist nicht nur negativ, weil die Handlung ständig auf Befürchtungen, Zweifel und Fehler ausgerichtet ist und wir nur in einer Welt von Angst und Mühe befangen bleiben, sie ist auch überhaupt nicht geeignet, uns satt an Bestätigung und Zuwendung zu machen, unsere Entwicklung zu fördern oder unser Wohlbefinden; hierzu im Gegensatz führt positive Verstärkung, bei der unsere Ansprachebilanz durch das akute Hinzufügen angenehmer Handlungskonsequenzen einen realen Zugewinn erfährt, zu einer Verbesserung des Wohlbefindens.

Diesem Bereich wenden Sie sich jetzt zu, indem Sie die als angenehm eingestuften Aktivitäten der jeweiligen Bereiche des Arbeitsblattes sorgfältig auf mögliche Steigerungen hin untersuchen. Welche der positiv bewerteten Aktivitäten sind in der Häufigkeit bisher zu kurz gekommen? Wenn nicht gerade Suchtverhaltensweisen angesprochen sind, könnte sicher jede einzelne Zunahme von Tätigkeiten, Gedanken und Gefühlen mit positiver Konsequenz Sie schon mal ein klein wenig in der Ansprachebilanz und damit ihrem Befinden aufbessern. Beginnen Sie mit Aktivitäten, die für Sie augenblicklich verfügbar sind und bei denen die eventuellen Blockaden durch zu viel Ängste oder andere Aversionen gering sind.

Dort, wo Sie positiv bewerte Aktivitäten aus Angstgründen noch nicht verwirklichen können, haben Sie eine Ressource, die Sie im Laufe der Therapie für Ihr Wohlbefinden zunehmend nutzen können.

Die folgenden Ausführungen lesen Sie bitte erst **nach** der eigenen Bewertung des Arbeitsblattes. Sie können bei der Veränderungsplanung helfen.

Im ersten Lebensbereich sind die meisten der Aktivitäten aufgelistet, die Ihr schlechtes Befinden mit verursachen. Insbesondere die gedanklichen Planspiele und Negativbewertungen wie: »an früher denken«, »mich meinen Wunschträumen hingeben«, »über die Tagesereignisse nachdenken«, »mich mit meinen Fehlern beschäftigen«, »mir Gedanken darüber machen, wie es weitergehen soll«, »überlegen, wie es wäre, wenn«, »denken, wie es einmal war«, »überlegen, ob ich mich richtig verhalten habe«, »überlegen, welchen Sinn mein Leben hat«, »darüber nachdenken, ob ich ein Versager bin«, »bei auf mich zukommenden Situationen Misserfolge erleiden«, zeigen einen hohen statistischen Zusammenhang mit depressivem, aggressivem und sozialängstlich-gehemmtem Befinden auf. Beim Aggressiven kommt zu dieser Lieblingsbeschäftigung noch das Alkoholtrinken mit positiver Beziehung, beim Ängstlich-Gehemmten und Erschöpften das im Bett liegen und dösen. Dieses Zerrbild reduzierter positiver Aktivitäten (alle anderen korrelativen Zusammenhänge nach der Häufigkeitseinschätzung sind negativ) und exzessiver frustvoller Ersatz- und Rückzugsaktivitäten – ganz vorwiegend auch nur in Gedanken – legt einmal mehr nahe, dass Aggression sicher nicht die positive Alternative zur Angst darstellt, sondern selbst nur eine unzufriedene Vermeidungsstrategie ist.

Nun könnte leicht der Eindruck entstehen, dass Denken an sich zu all den Problemen führt und besser total unterlassen werden sollte. Dies trifft für einige der depressiven, zwanghaften, ängstlichen oder süchtigen Verhaltensbereiche in bestimmten Situationen sogar zu, aber eben nur für die negativen. Positive Gedanken sind dagegen eher zu fördernde Verhaltensweisen. Die Feststellung »in Gedanken meine Erfolge durchgehen«

zeigt etwa – wie zu erwarten – eine entgegengesetzte gesicherte Beziehung: Diese Art zu denken kann die genannten störenden Befindlichkeiten vermindern und positives Befinden herbeiführen und steigern.

Die Kunst, das allzu häufige negative Denken, Grübeln und Brüten zu verringern und gleichzeitig die positiven Bewertungen und Gedanken zu steigern, macht einen wichtigen Teil der Veränderungsarbeit aus. Die im Übungsteil zu durchlaufende schrittweise Entängstigung soll die Vermeidung unnötig machen und damit diesen **negativen Planspielen die belohnende Basis entziehen.** Mit einzelnen gezielten Modifikationen können Sie jedoch sofort beginnen.

Stellen Sie sich gleich nach dem Aufwachen eine angenehme Aktivität vor, die Sie an diesem Tag entweder mühelos tun werden, oder eine Situation, die einfach gute Gefühle macht oder schon mal gemacht hat. **Abends, am besten auch noch unmittelbar vor dem Einschlafen, erinnern Sie sich an die guten Gefühle, die Sie** beim Erleben oder Vorstellen der Situation hatten.

Sicher haben Sie bemerkt, dass für den Zweck, das eigene Befinden zu verbessern, die Vorstellung einer angenehmen Situation fast genauso wirksam werden kann wie das aktive Erleben. Da Sie Therapie suchen, um Ihr Befinden zu verbessern, können Sie die naheliegenden und jederzeit möglichen Veränderungen Ihrer Vorstellungsinhalte und Ihrer alltäglichen Aktivitäten nicht beiseite lassen. Für diese sollten Sie zunächst zeitliche Freiräume schaffen. Dann koppeln Sie am Anfang *Tätigkeiten*, die noch nicht aus sich heraus so belohnend sind, mit solchen, die Sie schon bislang gerne tun. Letztere nehmen Sie also *als positive Verstärker* und machen Sie diese unmittelbar nach den aufzubauenden Aktivitäten: Etwa nach der Übung oder Hausaufgabe in der Therapie das Treffen mit netten Leuten oder ein gutes Essen. Jede neue positive Erfahrung sollte dann wieder und wieder auch in der Vorstellung nacherlebt werden. Diese könnte auch durch *Tagebücher* gefördert werden, in die Sie *ausschließlich angenehme Erfahrungen* eintragen und sich dabei die Empfindungen noch einmal vergegenwärtigen. Vergessen Sie nie, dass Sie bislang zigtausendmal das Umgekehrte praktiziert haben: Ungute Situationen erinnert und vorweggenommen haben, aversive Konsequenzen Ihres Handelns sich ausmalten, sich selbst niedermachten und bestraften durch Vorwürfe, sich moralisch verurteilten mit Schuldgefühlen und immer wieder das eigene Unvermögen und Versagen an die Wand malten. Diese negative Manipulation Ihrer Gedanken und damit auch Ihrer Gefühle muss nicht nur unterbrochen werden, sondern durch einen ernsthaften Versuch, positive Selbstbeeinflussung mit vergleichbarer Intensität und Häufigkeit aufzubauen, ersetzt werden.

Sie werden von Ihren Therapeuten diverse Strategien lernen, wie Sie immer wiederkehrende Gedanken etwa rein mechanisch mit der Technik des Gedankenstopps unterbrechen und damit Ihre neuen Verhaltensproben im nächsten Teil der Therapie frei von Erwartungsängsten und Selbstbestrafungen machen können.

Wenn Sie die Möglichkeit haben, nehmen Sie auch Ihr Buch oder Therapieheft mit den Arbeitsblättern, hier der Aktivitätsliste, mit zu Ihren Therapeuten. Gerade die Langzeitabwägung von Einflussnahmen der Therapie auf die Verstärkerbilanz und die Kalkulation von Wert- und Aktivitätsverschiebungen in Ihrem Umfeld benötigen eine gute

Kenntnis der therapeutischen Methoden und zeitlichen sowie inhaltlichen Zielvorstellungen.

Als Kontrollmöglichkeit für die aktive Einflussnahme auf Ihr Befinden empfehlen wir, das **Emotionalitätsinventar EMI-B (B wie Befinden) – in der Anlage als Arbeitsblatt Nr. 11 – auszuwerten** und eine spätere Kontrolle über Kopie oder andere Markierung vorzusehen. Obwohl es die gleichen Begriffspaare und Reaktionen vorgibt wie Arbeitsblatt 9 (EMI-S wie Situativ), wurde es doch wissenschaftlich gesondert für den Zweck der Befindlichkeitsmessung geprüft. Neben den eigenen Einzelvergleichen pro Feststellung besteht also wieder die Möglichkeit einer exakten Auswertung nach 7 Unterskalen über die Testmappe oder Ihren Therapeuten.

3. Die aktive Veränderung falscher Annahmen und negativer Vorstellungseingaben

Mit einzelnen gezielten Modifikationen Ihrer Bewertungen können Sie sofort beginnen. Sie können schon jetzt probieren, bei Grübeleien mit negativen Gefühlen eine plötzliche Notbremsung durchzuführen, ein lautes Stopp sich zu befehlen oder sich »aufs Hirn« zu schlagen – alles mit dem Zweck, eine richtige Schrecksekunde zu schaffen, mit der ein Filmriss oder eine kurze Sendepause im Hirn einhergeht. Diese Pause können Sie dann wieder mit der Vorstellung einer alternativen positiven Situation füllen, so lange, bis die damit verbundenen angenehmen Gefühle spürbar werden, oder einfach mit klaren alternativen Handlungsanweisungen: Etwa ich gehe jetzt zum Telefon und rufe ... an. Natürlich gehört auch zu diesen neuen Verhaltensmöglichkeiten ein wenig Übung. Wenn Sie positive Vorstellungen öfter gebahnt und parat haben, wird die Programmänderung immer leichter und lang dauernder gelingen.

Andere Techniken, negative Gedanken aus dem »Hirnkasten« zu entfernen, ähneln mehr der Entleerung des Mülleimers oder des Papierkorbes auf ihrem Computer. Sie benutzen **bildhafte Vorstellungen, in oder mit denen Ihre belastenden Gedanken sich auflösen oder Ihren Kopf verlassen,**

etwa eine »Sprechblase« mit allem Gedankenballast verlässt Ihren Kopf;

oder Sie lassen in der Vorstellung Ihrer **Ausatmung** durch Ihren Kopf gehen und stellen sich vor, wie der ganze Ballast aus Ihnen entschwebt;

oder Sie schicken im Geiste ein Wort oder **Silbengebilde »fern zum Horizont«,** etwa das Wort »weg« oder Silben mit offener Endung und angenehm klingenden Vokalen, die Sie an nicht Konkretes erinnern. Sie schauen im Geiste den Silben einfach hinterher oder zerstören die Sprechblasen mit dem Inhalt Ihrer belastenden Gedanken durch eine Rakete, die Sie wie im Computerspiel nachschicken. Einige empfinden es auch hilfreich, gleich morgens nach dem Aufwachen den Kopf einfach leer zu schreiben, indem sie völlig unzensiert nach Inhalt, Schrift oder Fehlern alle Kopfinhalte zu Papier bringen, ohne auch nur nachzudenken und ohne Tagebuchhintergedanken, also nicht mit dem Vorsatz, diese Aufzeichnungen gleich wieder durchzulesen. In die von Problemen und Druck erzeugenden Vorsätzen befreite Gedankenwelt lassen sich jetzt leichter angenehme Vorstellungen plazieren oder diese, wie auch kreative Einfälle, bilden sich nun spontan.

Vorstellungen sind eine mächtige Beeinflussungsart und es wird Zeit, dass Sie sich selbst bewusst und für Sie nützlich dieser bislang eher schädlichen Kraft bedienen.

Wichtig bei all diesen ersten Selbstversuchen ist es, dass Sie mit den Möglichkeiten spielen und experimentieren. Irgendwann und irgendwo werden Sie die für sich selbst angenehmste Strategie herausfinden und schließlich haben Sie in der Regel auch noch professionelle Therapeutenhilfe zur Verfügung.

Leichter ist es jedoch, die *positive* **Alternative einzuüben.** Vorstellungen mit angenehmen Empfindungen, etwa die vorwegnehmende Ausmalung anstehender Problembewältigungen mit völlig positiven Konsequenzen (das wäre doch immerhin mal eine

Abwechslung) oder die oben empfohlene Vorfreude auf eine, sei es auch noch so geringe, Tagesaktivität angenehmen Charakters und die »wiederkäuende« Erinnerung daran oder an frühere Glücksituationen und das Hineinversetzen unter Entspannung als Vorstellungshilfe (Ruhebild), können Ihr Befinden erheblich verbessern und das Defizit in der positiven Ansprachebilanz sofort verringern helfen.

Warten Sie nicht mehr auf die ewig ersehnte Annahme und Akzeptanz durch andere, sondern fangen Sie jetzt damit an, sich selbst besser akzeptieren zu lernen und sich gezielt häufiger Ihre vielen positiven Eigenschaften und Fähigkeiten bewusst zu machen und sich an Ihren neuen Verhaltensweisen zu erfreuen. Es geht dabei nicht um den »Wert an sich«, sondern zunächst um einzelne Gesichtspunkte, unter denen Sie positive Aspekte des jetzigen Verhaltens entdecken können, auch wenn Sie es langfristig – etwa mit Hilfe dieser Therapie – überwinden wollen. Haben Sie vielleicht Ihrem Ehrgeiz, Ihrer Perfektion, Ihrer Pflichterfüllung, Ihrem Helfertum oder Ihrer stillen Zurückhaltung als mögliche Schutzpläne gegen Ablehnung auch Positives zu verdanken? Können die aus Not entwickelten Strategien und die dahinter stehenden Fähigkeiten nicht genutzt werden und als Ressource für die anstehende Selbstverwirklichung und echte Kontaktpflege verwendet werden? Wozu ist es etwa gut, depressiv zu sein? Schützt es Sie vor Überforderung von außen oder durch sich selbst? Hat es Ihnen etwa zum Entschluss, ihre Programme zu ändern und Therapie zu suchen, verholfen? Gibt es Dinge und Sichtweisen, die Sie durch Ihre depressiven oder ängstlichen Befindlichkeiten besonders intensiv geübt haben und die Sie jetzt auch anders einsetzen können?

Ebenso wie beim dialektischen Tagebuch mit den Übersetzungsübungen Ihrer Meckersätze in Positives durch einfache Variationen des Gesichtswinkels oder der Betrachtungsebene geht es hierbei nicht um eine bessere Akzeptanz der alten problemstiftenden Verhaltensweisen, sondern darum, zunächst die verbreitete »Rundum-Totalablehnung« von sich selbst aufzulösen und Inseln angenehmer Empfindungen oder positiver Reaktionen durch Neubewertungen zu schaffen.

Zusätzlich können Sie hier und jetzt aber auch beginnen, im Sektor Selbstbewertung Ihr neues Denken, Fühlen, Möchten und Tun unter fördernde Bedingungen zu bringen, indem Sie unmittelbar danach die Selbstbeschuldigungen weglassen und diese durch positive Bewertungen ersetzen. So können Sie eine angenehme Empfindung und die diese verursachende Aktivität noch einmal bekräftigen, wenn Sie sich etwa sagen: »Es tut mir gut, positive Dinge zulassen zu können« oder »Ich genieße es mehr und mehr, offen für die schönen Dinge des Daseins zu sein«. Sie können und sollen insbesondere auch die durch Übungen aufzubauenden selbstsicheren Verhaltensweisen sofort und gezielt positiv bekräftigen. Dies können Sie anfangs ganz einfach durch ein Selbstlob dafür tun, dass Sie überhaupt bewusst daran gedacht haben, dass Sie Ihre Hemmschwelle überwunden haben und etwas Neues ausprobierten, oder dass Sie ein konkretes Übungsziel herausnehmen, von dem Sie unmittelbar nach der Übung sicher sagen können, »dies wollte ich und dies habe ich dort erreicht«. Natürlich müssen Sie die eventuell drängende Fehlersuche, etwa als das berühmte »ja aber ... da nicht und dort nur unvollkommen« dabei absolut unterbinden, sonst würden Sie sich ja eine bestrafende Konsequenz für Ihr neues Verhalten setzen und es damit in Zukunft wieder weniger statt mehr werden lassen.

Positive Selbstinstruktionen können aber auch als Rahmenbedingung für unsere Wahrnehmung, Bewertung, Empfindung und Wirkung auf andere dienen und so direkt und indirekt in die Waagschale für ein gutes Selbstwertgefühl und Wohlbefinden gelangen.

Sie erzeugen ein »yes set« als Bereitschaft zum Bejahen der Dinge – oder – ein »no set« zum Verneinen der Dinge – hier nur, soweit Übergriffe anderer oder eigene »Zuviel-Automatismen« ablaufen.

Die vielfältigen Anregungen in der Literatur zur positiven Selbstinstruktion stoßen bei Selbstunsicheren anfangs oft auf Ablehnung, weil sie ja der festen Überzeugung sind, nichts Gutes an sich zu haben, und besonders, weil sie Lob, speziell das eigene (»Eigenlob stinkt«) ja nie zulassen durften.

Es kann hier nützlich sein, die positive Selbstinstruktion zunächst auf das eigene Bemühen und die Beschreibung der tatsächlichen Entwicklung abzustellen, etwa »Ich spüre mehr und mehr, ich genieße es immer häufiger, dass … ich sehe immer mehr neue Möglichkeiten und Fähigkeiten, von Übung zu Übung erweitert sich mein Handlungsspielraum, mit jeder positiven Selbstbewertung übernehme ich mehr Verantwortung für mein Wohlbefinden …«.

Grundsätzlich brauchen Sie jedoch nicht zimperlich in der Auswahl positiver Formulierungen zu sein. Falls es am Anfang noch nicht so ganz stimmt, wird es doch im Sinne sich positiv erfüllender Prophezeiungen oder im Sinne einer Regelkreissteuerung als »Engelskreis« statt der bisherigen Teufelskreise wahr werden. Wichtig ist, dass die Formulierungen immer positiv sind, also nicht ein Denken an die zu überwindenden Schwächen implizieren – etwa statt »Ich verliere von mal zu mal immer mehr Hemmungen« zu formulieren »von mal zu mal werde ich freier und offener«, dass sie die inneren Sätze möglichst oft denken und nach Möglichkeit auch über die anschauliche Vorstellung erleben. Eine täglich sehr oft verfügbare Anschauung ist Ihr eigenes Spiegelbild. Korrigieren Sie auch hier Ihre Meckersucht und konzentrieren Sie sich auf die Partien Ihres äußeren Erscheinungsbildes, die Sie für sich genommen oder in Relation zu anderen Merkmalen bejahen können, und sei es nur eine einzige Stelle.

Natürlich erreichen Sie auch eine positive Selbstbewertung über den natürlichen Ablauf der Therapie: Ihre eigenen positiven Gefühle, die anwachsende Zahl von Erfolgserlebnissen und Kontakten, die Entlastung und vielfältige positive Auswirkung selbstsicheren Verhaltens verändern Ihre Selbst- und Fremdwahrnehmung dermaßen, dass die positive Selbstbewertung die einzig sinnvolle Konsequenz aus den neuen Erfahrungen darstellt.

Im Idealfall sollte die eigene Arbeit, mit der Sie jetzt beginnen können, zeitlich mit einer sich anschließenden großen, das heißt bedingungsverändernden und angstabbauenden Selbstsicherheitstherapie wie dem hier vorgestellten ATP verzahnt werden.

Kalkulieren Sie jetzt noch einmal Ihre Bilanz von unangenehmen und angenehmen Handlungskonsequenzen. Wie weit führen Sie die Belastungen und die potentiellen Verbesserungen auf Ihre Umwelt allein zurück? (Siehe hierzu auch noch mal das Arbeitsblatt Nr. 4 aus ATP1 mit den rein theoretisch erwünschten Veränderungen – »Wenn ich könnte, wie ich wollte, würde ich … ändern« – in Arbeit und Freizeit, in Partnerschaft und Freundeskreis sowie im Verhältnis zu den eigenen Eltern.

Inwieweit sind die Blockaden durch unangenehme Gefühle und negative Erwartungen wie Angst, Hemmung, Schuld oder Scham, Erschöpfung oder Traurigkeit Anlass, und/oder die daraus resultierenden Versuche, diesen unguten Dingen aus dem Wege zu gehen oder inwieweit liegt die Ursache in ständigen kommunikativen Missverständnissen und Ungeschicklichkeiten des eigenen Verhaltens, oder was für einen Einfluss nimmt Ihre Selbstwahrnehmung und -bewertung?

Von den bislang beschriebenen Steuerungsregeln des Verhaltens sind für die Verschiebung und das Erhalten der Verstärkerbilanz besonders wichtig:

- Handlungsweisen ohne positive Konsequenzen nehmen an Häufigkeit und Intensität ab (Prinzip der »Löschung«).

- Die positiven Konsequenzen können sich auf ein unmittelbar gezeigtes Verhalten oder auf ein langfristiges Ziel beziehen. Das heißt: die handelnde Person vermag Ziele anzustreben und kurzfristige Belohnungen aufzuschieben.

- Das in der Lerngeschichte erworbene Wertsystem des Individuums ist dafür entscheidend, ob ein Ereignis als belohnend erkannt wird.

- Dieser individuelle Bewertungsfilter wird durch die akuten Bedingungen der Sättigung und der Verfügbarkeit der Verstärker beeinflusst.

- Soziales Handeln unterliegt kultur- und gesellschaftspolitisch spezifischen Normen. Akzeptierte Handlungen erfahren oft positive Konsequenzen durch viele andere.

- Die Akzeptierbarkeit von sozialem Verhalten hängt von der jeweiligen Situation ab, da die gesellschaftlichen Regeln den Ort und Zeitpunkt festlegen, wann das Verhalten »erwartet« wird und gleichzeitig ein anderes als unpassend nicht akzeptiert wird (unterscheidender Reiz oder diskriminativer Stimulus).

- Die angenehmen Konsequenzen werden unmittelbar durch die Intensität der vermiedenen aversiven Konsequenzen bei der Ausführung einer Handlung positiv bestimmt (negative Verstärkung).

- Auch eine plötzliche Abnahme der positiven Konsequenzen eigenen Verhaltens bei gleichbleibender Anstrengung führt dazu, dass die Handlung und mit ihr die Situation aversiv wird, führt zur Vermeidung, zu Alternativverhalten oder Selbstabwertung.

- Dies löst dann neue Benennungsprozesse aus, die durch die Abgrenzung und Erklärung der Abweichungen (Ist-Soll-Vergleich von Erwartung und Ziel) und durch die negative Bilanz der Konsequenzen zur Selbstabwertung oder gar einer »Entsozialisierung« des Wertsystems führt (total subjektive Denk- und Sprachstile, irreale Privatwelt).

- Eine Zunahme aversiver Konsequenzen führt zur Einstellung von Handlungen.

- Die zunehmende Vermeidung von Handlungen führt zu Inaktivität.

- Inaktivität ist ein Zustand verminderter Bekräftigung, nicht nur weil die sozialen Verstärker nicht mehr erhältlich sind, sondern auch weil der damit verbundene körperliche Zustand keine positive Rückmeldung erlaubt. Aktivität, Energie und Kraft sind positive Erlebniswerte mit eigenstimulierender Wirkung.

Die Wechselwirkung von Verhalten, von Konsequenzen des Verhaltens und Selbstwertgefühl sind sehr vielfältig und kompliziert.
Sie lassen jedoch Voraussagen über die Beeinträchtigung oder die Verbesserung des Gesamtsystems zu, wenn auf einem überschaubaren und der aktiven Veränderung zugänglichen Gebiet – wie dem eigenen Verhalten und der Selbstbewertung – systematisch und schrittweise Änderungen erarbeitet werden.

4. Der Therapievertrag

Sie haben sich zur Durchführung dieser Therapie entschlossen. Sie hatten Gelegenheit, sich über die Grundlagen und die Prinzipien dieser Therapieform zu informieren. Sie haben – teils in eigener Arbeit, teils in Zusammenarbeit mit Ihren Therapeuten – eigene Ziele für diese Therapie entwickelt und sind sich über die dazu notwendigen Aktivitäten im Klaren. Ihr Therapeut wiederum hat Sie aufgrund der genauen Bedingungsanalyse für diese Therapie angenommen und einer bestimmten Gruppe zugeordnet. Diese Einteilung geschieht in der Regel auf der Grundlage therapeutischer Erwägungen, wie die Ähnlichkeit von Schwierigkeiten, die gemeinsamen Voraussetzungen für die Bewältigung der Übungen, aber auch aufgrund von technischen Gesichtspunkten wie Dringlichkeit, Wartezeit, Zusammenstellung der Gruppen nach Alter und Geschlecht, notwendige Vorbereitungen oder das Abwarten bestimmter äußerer sozialer Veränderungen wie etwa Berufswechsel.

Bei der ambulanten Durchführung dieser Therapie wird natürlich auch das Problem der Therapiefinanzierung vorher zu klären sein. Die Therapie erfordert ein hohes Maß an therapeutischer Qualifikation, eine lange Ausbildung und ist wegen der Durchführung mit mehreren Klienten besonders anstrengend. Dazu kommt, dass in der Regel zwei Therapeuten eingesetzt werden oder ein entsprechender Aufwand von Videoeinsatz und Therapiekontrolle nötig wird.

Die Therapie wird vorwiegend von klinischen Psychologen durchgeführt, die durch ihr Studium bereits eine gute Kenntnis der Lernprinzipien und bedingungsanalytisch orientierten Therapiekonzepte gewonnen haben, und anschließend eine qualifizierende mehrjährige Weiterbildung als Verhaltenstherapeuten absolviert haben. Die Weiterbildungssituation hat sich seit Erscheinen der Erstauflagen dieser Bücher ganz wesentlich verbessert. In Einzeltherapieanträgen nimmt das ATP unter den verhaltenstherapeutischen Verfahren eine führende Stellung ein. Wesentlich mitbedingt durch eine völlig unzureichende Finanzierungsregelung finden wir für die deutlich effizientere Gruppentherapie weniger Bereitschaft, die aufwendige Zusatzausbildung zu machen und solche Kurse anzubieten. Derzeit besteht also noch immer ein Mangel an geschulten verhaltenstherapeutischen Gruppentherapeuten, sodass für viele Patienten lange Anmarschwege oder Aufenthalte in Kliniken unumgänglich werden.

Umso wichtiger erscheint daher, dass sich beide Seiten, Patienten, Klienten oder Interessenten und Therapeuten, als Anbieter zu Beginn der Therapie über alle technischen und therapeutischen Belange einig sind und nicht ein wertvoller Therapieplatz durch Missverständnisse in Frage gestellt wird. Da an dieser Therapie in der Regel mehrere Klienten beteiligt sind, ist es auch in deren Interesse, dass alle Vereinbarungen, wie die Therapiebedingungen, klar und deutlich getroffen und von jedem genauestens eingehalten werden. Es hat sich gezeigt, dass der erfolgreiche Abschluss, gerade von länger dauernden Therapien, durch eine Vereinbarung in Form gegenseitiger Selbstverpflichtung verbessert werden kann. Diesem Zweck gilt der Abschluss eines Therapievertrages zwischen Klienten und Therapeuten. Gelegentlich kann es auch zweckmäßig sein, die Selbstverpflichtung zur genauen Durchführung der Therapie mit Hilfe einer Kaution zu bekräftigen: Der Klient könnte eine bestimmte Geldsumme, deren Verlust er nicht sonderlich gern in Kauf nehmen würde, hinterlegen. Im Falle seines Therapieabbruchs würde dieses Geld verfallen.

Es hat sich gezeigt, dass es günstig ist, in einem solchen Vertrag auch selbstverständlich erscheinende Voraussetzungen für den Therapieerfolg festzulegen. Der Vertrag sollte auf Seiten der Klienten die Verpflichtung enthalten, alle für das Therapieziel entscheidenden Schritte systematisch und konsequent durchzuführen und alles zu unterlassen, was den Therapieerfolg gefährdet.

Der Therapeut sollte mit dem Vertrag die Garantie übernehmen, den Klienten genau zu informieren und das therapeutische Vorgehen zu begründen. Er sollte die Therapie angemessen vermitteln und die erzielten Fortschritte des Klienten rückmelden. Die schriftliche Darstellung dieser Therapieform in den drei Büchern für Klienten, der Testmappe und der Anleitung für Therapeuten dient diesen Zwecken.

Der Vertrag sollte ferner enthalten:

Die Festlegung derjenigen Maßnahmen, die bei gravierender Gefährdung der Therapieziele in Frage kommen (etwa Therapieausschluss), sowie Vereinbarungen über die zeitliche Durchführung der Therapie.

Da in der Regel eine objektive Therapiekontrolle nicht nur für den Therapeuten, sondern auch für die Klienten als eine Form der Erfolgsrückmeldung wünschenswert ist, empfiehlt es sich, die vorgesehenen Messungen im Therapievertrag mitaufzunehmen. Dabei sollten die Art der vorgesehenen Kontrollen (wie Fragebogen oder Verhaltensbeobachtung), die Häufigkeit und der Zeitraum von etwaigen Nachkontrollen gleich von vornherein vereinbart werden. Als einfache Orientierungshilfe wurde speziell für diese Therapie der Unsicherheitsfragebogen (U-Fragebogen) entwickelt und überprüft. Dieser Fragebogen kann eine Rückmeldung über die erreichte Verbesserung in Bezug auf die vier Hauptschwierigkeitsgebiete (Hierarchien) geben. Der Fragebogen findet sich in der Anlage. Füllen Sie bitte das erste Exemplar (Anfangsmessung) zusammen mit den entsprechenden Formularen der anderen Arbeitsblätter (besonders auch Nr. 1, FAF) jetzt gewissenhaft aus und hinterlegen Sie diese zusammen mit dem Therapievertrag beim Therapeuten. Bei Abschluss des Grundkurses füllen Sie die zweiten Exemplare (Zwischenmessung) aus und bitten Ihren Therapeuten um Rückmeldung über Ihr Zwischenergebnis.

Das Muster eines Therapievertrages, wie wir ihn verwendet haben, können Sie im Anhang des Buches als **Arbeitsblatt 12** finden. Gehen Sie die einzelnen Punkte mit Ihrem Therapeuten durch und legen Sie gemeinsam alle notwendigen Bedingungen für eine erfolgreiche Therapie fest. Machen Sie dazu wieder zweckmäßig eine Kopie für sich selbst. Naturgemäß wird diese Vereinbarung zwischen Ihnen und Ihrem Therapeuten in jedem einzelnen Fall modifiziert werden, falls Ihr Therapeut überhaupt die schriftliche Festlegungsform der Vereinbarungen wünscht.

5. Die unmittelbare Vorbereitung auf die ersten Übungsstunden

In der ersten Sitzung wollen Sie nun die Mitglieder Ihrer Arbeitsgruppe zunächst einmal kennen lernen und das gemeinsame Lernen in einer Gruppe vorbereiten. Sie dürfen davon ausgehen, dass alle Mitglieder Ihrer Gruppe über den Zweck des Treffens informiert sind und mit der Absicht kommen, gemeinsam mit Ihnen ähnliche Probleme zu bewältigen. Eine gute Einführung sind daher der sachliche Austausch und die Besprechung der spezifischen Schwierigkeiten, die bei dem einen oder anderen vielleicht betonter sind, und derjenigen Ziele, die wiederum für Sie oder andere wichtiger erscheinen. Dabei reichen ganz zu Beginn einige wenige Sätze zu den Zielen und Schwerpunkten, die Sie sich im Gebiet der Selbstsicherheitstherapien gesetzt haben.

Mit Hilfe des ATP erfolgt zwar eine systematische Schulung in sozial kompetentem und von Selbstvertrauen getragenem Verhalten, die praktische Anwendung der Steuerprinzipien erlaubt jedoch auch noch ein recht individuelles Eingehen auf persönliche Schwierigkeiten in diesem Sektor. Solche gemeinsamen Problemanalysen werden in regelmäßigen Abständen durchgeführt.

Zu den praktischen Anwendungen der Steuerungsprinzipien in den Übungssitzungen folgen nun einige Hinweise.

5.1 Wie ich anderen beim Verlernen ihrer Angst und ihrer Vermeidung durch Unterlassen von Kritik helfen kann

Sie haben bereits gesehen, dass soziale Angst vielfach durch die Erwartung von negativen Konsequenzen erhalten wird. Früher traten tatsächlich gehäuft Kritik, Missbilligung und andere unangenehme Ereignisse im Zusammenhang mit diesen Verhaltensweisen auf. Jetzt werden sie in der Vorstellung noch gefürchtet und blockieren das Handlungsvermögen zum Teil dermaßen, dass tatsächliche Fehler auftreten. Die gelernten Angstreaktionen, wie Erröten, Versprechen oder Zittern der Stimme, könnten in den ersten Gruppenstunden noch auftreten, weil für viele das Zusammensein mit mehreren Menschen bereits eine erhebliche Belastung darstellt. Dies wird sich aber in kurzer Zeit geben, wenn die einzelnen Mitglieder der Gruppe merken, dass diese anfänglichen Reaktionen keine negativen Konsequenzen mehr hervorrufen.

Es ist also sehr wichtig, dass jeder in der Gruppe dem anderen beim Verlernen dieser Angstreaktion behilflich ist, indem er jede Kritik, auch versteckte durch Ermahnungen, Anspielungen, und jede Reaktion, die als Ablehnung missverstanden werden könnte, wie Unterhaltung oder gar Kichern während der Übungen, von Anfang an strikt unterlässt. Später, wenn die Gruppe angstfreier an schwierige Übungen herangehen kann, können bestimmte Formen konstruktiver Kritik, die Sie dann auch noch lernen werden, durchaus hilfreich sein. Wenn auch während der Übungen von anderen nicht gekichert werden sollte, so heißt das nicht, dass sich die Arbeit der Gruppe in todernster Atmosphäre vollziehen muss. Es bedeutet gemäß Ihrer Lernprinzipien nur, **unmittelbar während oder unmittelbar nach Übungen oder Beiträgen von anderen jede Reaktion zu unterlassen, die den Übungspartner irritieren könnte.** Am zweckmäßigsten ist natürlich, wenn Sie solche Angstreaktionen einfach zu übersehen lernen, sie gar nicht erst wahrnehmen, weder in Ihren Blicken noch in Ihrer Sprache darauf eingehen. So schaffen Sie eine angstfreie Atmosphäre, in der sich ein jeder auch außerhalb der Übungen erlauben darf, Fehler zu machen. In einer solchen Lernatmosphäre, in der negative Konsequenzen ausbleiben, werden die Angst und die Verkrampfung, die zu Fehlern führen, verschwinden. Nur so kann neues Verhalten aufgebaut und durch positive Folgen verfestigt werden.

5.2 Wie ich anderen beim Verlernen durch gezielte Nichtbeachtung ihres Problemverhaltens helfe: Das Löschen von zu verlernendem Verhalten durch Ausbleiben positiver Konsequenzen

Sie haben im Abschnitt über die Steuerungsprinzipien bereits gesehen, wie wirksam eine solche Hilfeleistung ist.

Jedes Verhalten, das unmittelbar – nachdem es gezeigt wurde – keine positiven Konsequenzen hat, wird immer seltener auftreten. Wir haben dieses Prinzip als Löschung kennen gelernt. Am häufigsten wird es wohl auf die eingefleischten Vermeidungsreaktionen, die dem neuen Lernen im Wege stehen, angewandt. Sie erinnern sich, dass diese Vermeidungsreaktionen sehr vielfältig sein können.

Bezogen auf die konkreten Übungen, könnten sich die verschiedenen Vermeidungs-Stile durch Weigerung, Weglaufen, Abbruch der Übungssituation, durch verlegenes Kichern, durch Aggressionen, durch hilfloses Weinen, aber auch durch gedankliche Vermeidung wie ironische oder zynische Bemerkungen, Wegdiskutieren, ein Nicht-Mögen oder ein eventuell zu perfektes Üben mit dem Gedanken, dass es ja doch nur ein Spiel sei, äußern.

Andere Verhaltensweisen, von denen jetzt schon automatisch klar ist, dass sie den Betreffenden in der Verwirklichung seiner Ziele nur behindern, wären etwa Selbstabwertungen, Äußerungen wie: »ja, aber (eigentlich bin ich unfähig, so etwas zu tun)«, »das kann ich nicht«, »das werde ich nie können«, »ich weiß nicht, was das Ganze soll«. Sie wissen, wie wichtig es ist, jede solcher Reaktionen unmittelbar nach ihrem Auftreten überhaupt nicht zu beachten. Es sollte mit der Zeit nicht mehr vorkommen, dass etwa zwischendurch durch Unachtsamkeit eine solche Reaktion Zuwendung und Beachtung bekommt. Auch hier ist das Vorgehen ähnlich wie beim Nichtbestrafen von Fehlern: unmittelbar beim Auftreten solcher Handlungsweisen schauen Sie am besten den anderen nicht an, Sie gehen mit keinem Kommentar auf dieses Verhalten ein, in der Minute des Erscheinens solcher Verhaltensweisen übersehen Sie diese ganz konsequent. Stattdessen wechseln Sie das Thema oder bekräftigen gezielt jede Äußerung oder Handlung, die anzeigt, dass der Betreffende seinen Zielen allmählich näher kommt.

5.3 Wie ich anderen beim Erlernen von neuem Verhalten helfe: Das Lernen am Erfolg durch positive Bekräftigung

Sie haben im ersten Teil zum ATP bereits das Grundprinzip jeder Verhaltensformung kennen gelernt: Verhalten wird auf die Dauer nur dann gezeigt, erworben und erlernt, wenn die **Konsequenzen** in irgendeiner Form **positiv** sind, die **unmittelbar** auf das gezeigte Verhalten (Gedanken, geäußerte Gefühle, Handlungen) **folgen**.
Am Anfang wird Ihre Lernhilfe noch darin bestehen, dafür zu sorgen, dass die gefürchteten negativen Konsequenzen für das ausprobierte neue Verhalten ausbleiben. Durch Wegnahme von Kritik, Ablehnung, Unaufmerksamkeit, wann immer das zu erlernende Verhalten gezeigt wird, bekräftigen Sie den anderen mittels des Prinzips vom Ausbleiben gefürchteter negativer Konsequenzen.
Es wird besonders wichtig sein, in den Problemstunden und bei den gemeinsamen Übungen außerhalb der therapeutischen Situation darauf zu achten, **dass Ihre Gruppenmitglieder nicht irgendwelche Sozialpartner sind, gegen die Sie sich wehren müssen oder denen gegenüber Sie sich in ein besonders gutes Licht setzen müssen, sondern Personen, für deren Lernerfolg Sie mitverantwortlich sind.**

Es ist gar nicht so leicht, dem anderen für das zu erlernende Verhalten Aufmerksamkeit oder freundliche Beachtung zu schenken und gleichzeitig sein zu verlernendes Verhalten systematisch zu übersehen. Mit der gezielten Aufmerksamkeit, die Sie seinen Übungen und Versuchen widmen, kommen wir zur zweiten, später viel wesentlicheren Form des Lernens durch positive Konsequenzen, dem **Lernen durch Erfolg** oder **positive Bekräftigung**:

Die einfachste Form von positiver Beachtung und Zustimmung für Äußerungen oder Handlungsweisen des anderen ist die körperliche Zuwendung, die Zuwendung des Kopfes, das aufmerksame Hinschauen, das freundliche Nicken, das bestätigende »hm« und kurze, positive Kommentare. Während der Verhaltensprobe müssen Sie sich natürlich auf die nichtsprachlichen Äußerungen von anerkennender Teilnahme beschränken, ohne den Übungsverlauf zu unterbrechen.
Die wichtigste Möglichkeit der positiven Bekräftigung des Zielannäherungsverhaltens in Übungen ist das aufmerksame Beobachten und genaue Rückmelden. Jeder Übende ist auf diese Hilfestellung angewiesen. Registrieren Sie also genau, wo, wann und wie die übende Person sich in ihrer Übung eindeutig im Sinne Ihrer Ziele verhält oder Annäherungen an selbstsicheres Verhalten zeigt. Annäherungen sind alle Schritte, bei denen ein

bisschen mehr an Lautstärke, Nähe, sprachlicher Klarheit oder anderen Zeichen von Selbstsicherheit gezeigt wird als zuvor oder ein bisschen weniger üblicher Verschleierungs- oder Vermeidungsstrategien.

Achten Sie bei Ihrer Rückmeldung an die übende Person auch darauf, dass es nicht darum geht, selbst einen originellen Beitrag zu liefern, sondern nur um die Zuverlässigkeit und Ehrlichkeit Ihrer Beobachtungen. Die vollständige Rückmeldung aller Teilnehmer und die Wiederholung derselben Beobachtungen erhöht die Glaubwürdigkeit für die Übenden in ihrem neuen Verhalten erheblich.

5.4 Aufgaben zur Zielbildung: Die Ver- und Erlernliste

Im ATP wird zusätzlich zu den Übungsstunden in regelmäßigen Abständen auch die Bedingungsanalyse von Spezialproblemen des Einzelnen vorgenommen. Zu Beginn der praktischen Übungsabschnitte ist trotz der hier versuchten Einführung die Umsetzung und Einordnung von Erkenntnissen und theoretischem Wissen mangels praktischer Relevanz oft schwer und ein zu langes Analysieren oft unökonomisch. Einzelne Hintergrundeinsichten werden erst möglich, wenn bereits bestimmte praktische Erfahrungen vorliegen. Dann wird oft ein theoretischer Baustein plötzliche erst relevant. Dies gilt etwa für unser Bemühen, die Funktion und ihre Auswirkung von verallgemeinernden Werterwartungen oder Plänen mit ihren Schutzstrategien zu erhellen.

Sicherer und wirksamer ist es daher, zunächst am **konkreten Problemverhalten** anzusetzen. Die für den Einzelnen besonders störenden Verhaltensweisen werden in **kleine Bausteine zerlegt, auf die keinerlei Bekräftigung mehr erfolgen darf, gleichzeitig wird das Alternativverhalten in »Bausteinen« ganz gezielt und hervorhebend bekräftigt.** (In der Fachsprache heißt diese ganz konkrete Verhaltensformung auch »shapen«.) Die Verhaltensbausteine werden in regelmäßigen Abständen auf ihren Lernfortschritt geprüft, daraufhin wird ein etwas schwieriger oder noch nicht bewältigter Abschnitt hinzugefügt. Dieser Teil der Therapie muss schon hier vorbereitet werden, da das gemeinsame Besprechen der Verhaltensformung am Anfang der Therapie steht. In der durchgehenden Verhaltensformung entfaltet sich die Gruppe gemeinsam Lernender zu einer echten Therapiegruppe, in der jeder jedem nach hochwirksamen Methoden bei der von ihm gewünschten Verhaltensänderung helfen kann.

Damit die anderen Gruppenmitglieder und Ihr Therapeut Ihnen optimal beim Verlernen und Neulernen helfen können, müssen Sie ihnen mitteilen, welche Ihrer Verhaltensweisen Sie am meisten stören und welche Ihnen erstrebenswert erscheinen.

Haben Sie jedoch keine Angst davor, dass Sie vor anderen alle Ihre persönlichen Schwierigkeiten ausbreiten müssen. Es geht nur um Ihr Verhalten in sozialen Interaktionen. Alle Mitglieder der Gruppe haben ähnliche Beeinträchtigungen, nur die Schwerpunkte der sozialen Schwierigkeiten unterscheiden sich etwas. Was Sie den anderen über ihr Problemverhalten mitteilen, sollte möglichst konkret beobachtbares Verhalten sein, da sonst keine gezielte Hilfe durch die anderen mittels dieser Methode der Verhaltensformung möglich ist.

Sie haben bereits bei der Verhaltensbeobachtung im Band »ATP 1« Listen von schwierigen sozialen Situationen, die Sie besser bewältigen möchten, zusammengestellt. Durch die Fragebogen und die gezielte Beobachtung in solchen kritischen Situationen haben Sie einzelne, konkrete Verhaltensweisen, die Ihren Lernzielen im Wege stehen oder die zur Erreichung Ihrer Lernziele notwendig erscheinen, herausgefunden. Sie haben sich Ihre eigenen Ziele gebildet und wissen über Ihre bevorzugten Schutzstrategien Bescheid. Aus diesem Wissen ergeben sich ganz unterschiedliche Schwerpunkte der Verhaltensänderung. In einigen Situationen müssen Sie ein Zuviel an meist vorbeugenden Vermeidungen verringern. Solche konkreten Verhaltensexzesse würden wir unter der Überschrift »Verlernen« notieren und umgekehrt, alles, was bislang zu wenig auftauchte, die zu überwindenden Verhaltensdefizite unter die Rubrik »Erlernen« eintragen. Schreiben Sie die Verhaltensweisen, die Sie verlernen wollen, auf die linke Seite in Ihr Therapieheft und gegenüber auf die rechte Seite, was Sie stattdessen steigern oder »erlernen« möchten.

Nehmen Sie nun die linke Seite und überlegen Sie, welche Schwierigkeiten Sie am meisten behindern. Das kann so aussehen, dass Sie zunächst alles Unangenehme verlernen wollen – etwa Angst, Schüchternheit, Misserfolg, Unsicherheit. Auf die rechte Seite könnten Sie ebenfalls zunächst allgemeine Ziele wie Kontakt, Freundschaft, Anerkennung, Sicherheit schreiben. Dann überlegen Sie, wie diese allgemeinen Vorstellungen bei Ihrer konkreten Bedingungsanalyse in Erscheinung getreten sind. Neigen Sie zu Vorwärts- oder Rückwärtsvermeidung, welche vorbeugenden Schutzstrategien und welche Tarn- und Ablenkmanöver führen Sie selbst in den jeweiligen Situationen mit Fehlschlag-, Kontakt-, Ablehnungs- und Ausgrenzungsängsten aus? Klare Flucht- und Vermeidungsreaktionen und die Ängste selbst möchten Sie wahrscheinlich auf den Index der zu »verlernenden« Verhaltensweisen setzen. Sie werden in der Therapie unnötig gemacht und bei den Rückmeldungen einfach übersehen, falls sie dennoch auftreten. Durch Rückmeldung von Negativem wird nur die Angst vergrößert. Sie muss daher bei der Selbst- und Fremdbewertung absolut unterbleiben. Im Therapieprozess kann manchmal das Zulassen von Fehlern, nicht jedoch die Angst davor und dabei ein zu förderndes Verhalten sein und wird dann als absichtliches und bewusstes Verhalten zum Übungsziel und damit Rückmeldeanlass, es kommt dann auf die Liste unter »Erlenen«. Gehen Sie zunächst den **Bereich der Angst vor Versagen, Blamage, Fehlschlägen und Kritik** durch. Erlernen, also durch positive Rückmeldung und Selbstbewertung bekräftigen, werden Sie sicher den Mut zu klaren Fragen, zu auch ausführlichen Erklärungen, zur positiven Selbstbewertung, zum Zulassenkönnen von »Fehlern« und »Schwächen« wie Gefühle haben, Erregungszeichen zulassen wie Zittern und Erröten, Nichtwissen oder Blockaden einzuräumen, sich deutlich, laut und vernehmlich und ohne Hast bei öffentlichen Auftritten zeigen, usw.

Auf der linken Seite unter »Verlernen« würde hier das unfreiwillige Erröten oder Zittern stehen, die Reaktion selbst soll ja abnehmen, sie wird also nicht beachtet und schon gar nicht kommentiert oder rückgemeldet – im Gegensatz zum Mut, diese Reaktion nicht mehr krampfhaft verbergen zu wollen! Unter »Verlernen« steht dann sicher auch die Vorwärtsvermeidung durch schnelles hastiges Sprechen, die Rückwärtsvermeidung durch leise, undeutliche und stocked zensierte Sprache, die Versprecher aus diesen Gründen, die vorbeugende Selbstabwertung (das kann ich nie) und die nachträgliche Selbstbestrafung (»wie kann man nur so blöd sein«). Auch Erfolgsrelativierungen wie »da und dort habe ich aber etwas unterlassen oder falsch gemacht«, perfektionistische Ansprüche oder intellektuell immer die Übungen ins »Außerordentliche« an Schwierigkeit zu treiben, gehören ebenso wie Originalitätssucht bei den Rückmeldungen auf den Index der zu verlernenden Fehlverhaltensweisen und Problembedingungen bei der Fehlschlagangst. Es ist anfangs gar nicht so leicht zu erkennen, dass nicht alles, was gut gemacht wird, auch schon gut im Sinne der Steigerung von Verhaltensweisen ohne Fehlschlagangst ist.

Bei der klassischen Schüchternheit und Kontaktangst ist die Zuordnung der zu steigernden und der zu verringernden Verhaltensweisen in der konkreten Verhaltensprobe wesentlich einfacher.

Unter »Verlernen« werden Sie vielleicht das Wegschauen und Sichabwenden, das Sichtarnen in der Kleidung, leisen Spechweise oder ablenkenden Kramerei in der Tasche oder das Sichvertiefen in Zeitschriften oder Speisekarten auflisten, das In-der-Ecke-Sitzen oder Gleich-ganz-zu-Hause-Bleiben, das ängstliche Verstummen oder Vermeiden persönlicher Themen, die indirekte unpersönliche Grammatik, das Zensieren von Gefühlsäußerungen und positiver Rückmeldung oder die zu große körperliche Distanz.

Auf der Seite »Erlernen« könnten für die positive Rückmeldung in der Gruppe beim Übungsverhalten oder für die Berichte von den eigenständigen Erprobungen stehen: Alles was größere Nähe signalisiert wie Blickkontakt, Händedruck oder Umarmung, positive persönliche Wertungen und Empfindungen, weiter die Signale für Offenheit in der Körperhaltung und Mimik, etwa ein offenes Lächeln und die eindeutige persönliche Sprache sowie echtes Interesse am anderen mit aktivem Zuhörerverhalten und natürlich das Bejahen der eigenen Attraktivität in Haltung, Kleidung, Auftreten und Ausdruck.

Bei den Übungen in der Hierarchie **»Fordern und Bedürfnisse eindeutig vertreten«** wird eben alles im Sinne der Klarheit und Eindeutigkeit positiv rückgemeldet: Die klare und knappe Formulierung, die Überzeugung nur mit der persönlichen Wichtigkeit begründet, Ichgebrauch und konkrete Bedürfnisse, gefühlsmäßige Motivationen und die Wiederholung dessen, was Sache ist, statt weitschweifiger Begründungen sowie eine ausreichende Lautstärke und Deutlichkeit der Sprache. Die gerade aufrechte Haltung, die Nähe und der Blick, die Ziel- oder Persongerichtetheit des Ganges oder der Argumentation können weitere konkrete Anlässe für positive Rückmeldungen sein.

Auf der »Verlern«seite, also ohne Rückmeldung, stehen die verbalen Einschränkungen, die weitschweifigen Erklärungen, unnötigen Bitten und Begründungen, Entschuldigungen und Verständnisappelle, die »wenn und aber«, die unpersönliche Sprache in der »Man-könnte-ja-mal«-Formulierung oder »Könnten-Sie-eventuell-mal-...-Bitten«, das zu leise Sprechen und zögerliche Annähern, das Aus-dem-Wege-Gehen, andere immer vorlassen und sich klein machen.

In unserer vierten Hierarchie von Übungen wachsender Schwierigkeit steht nahezu das gesamte bislang »erfolgreiche« Überanpassungssystem auf der Verlernliste. Bei den Übungen zum **Neinsagen** werden also zuviel Freundlichkeit, das stete Lächeln, die Entschuldigung für die eigene Existenz, die Herabsetzung der eigenen Person und besonders der eigenen Ansichten und Bedürfnisse, die dauernde Lauer nach Helfermöglichkeiten – etwa das professionelle Trostspenden bei Fehlern der anderen und damit schädlichem Falschverstärken.

Auf der Erlernliste sollten dagegen klare Zurückweisungen von fremden Übergriffen, etwa in den Übungen der Widerspruch, die Unterbrechung, das Wort »nein« und entsprechende klare Gesten, der ernsthafte Gesichtsausdruck beim Abgrenzen, die klare »Ich-möchte-nicht«-oder »Es-gefällt-mir-nicht«-Äußerung, distanzschaffende Gesten und direkte Äußerungen von Ärger einschließlich der dazu passenden Lautstärke stehen. Hierfür sollte bei den entsprechenden Übungen positive Rückmeldung gegeben werden.

Sie sehen, dass Lächeln beim Kontakt eine wesentliche Erlernqualität, Lächeln beim Neinsagen eine wichtige Verlernqualität darstellt. Neben dem Bedeutungsrahmen unseres Verhaltens sind aber auch die ganz persönlichen Schwerpunktbildungen von zu schroffen und unfreundlichen Vorwärtsvermeidungen versus zu nette und stets liebenswürdige Unterwerfungs- und Rückzugsverhaltensexzesse zu berücksichtigen. So kann es zweckmäßig werden, dem einen Gruppenmitglied Rückmeldung für mehr Freundlichkeit und in derselben Übung einem andern Rückmeldung für größere Konfrontation zu geben.

Es ist am Anfang gar nicht so leicht, konkretes Verhalten zu finden, das für Ihre allgemeinen Ziele bedeutsam ist.

Aber darüber brauchen Sie sich nicht jetzt den Kopf zu zerbrechen, manches wird Ihnen erst in der praktischen Übung klar werden, manches werden erst die anderen Mitglieder Ihrer Gruppe bemerken. Diese werden Ihnen dann mit Vorschlägen dabei helfen, Ihre Liste zu verändern, so wie Sie Ihrerseits den anderen helfen werden. Wichtig für den Anfang ist es, eine solche Liste überhaupt erst einmal aufzustellen, um so eine Grundlage für die erste Besprechung zu haben. Danach wird die Liste im Laufe der Therapie und mit Hilfe des Therapeuten systematisch verändert. Die Listen werden von allen Teilnehmern ausgetauscht, damit jeder von jedem weiß, wo er ihm am besten nützlich sein kann, und damit niemand aus Unkenntnis den anderen gerade da bekräftigt, wo er eigentlich ein zu verlernendes Problemverhalten zeigt.

Heben Sie die Ver- und Erlernliste gut auf oder händigen Sie diese gleich ihrem Therapeuten aus. Wenn die Wartezeit bis zum Übungsbeginn lang ist, lohnt sich die Mühe, eine neue Liste kurz vor Therapiebeginn zu erstellen.

Die unmittelbare Information über Rückmeldekriterien geben dann die Einordnung der Übungssituation in die vier Zielgebiete oder Hierarchien mit den Zielvorgaben im Übungstext und die Übenden direkt bei ihren persönlichen Übungsschwerpunkten.

Aus den ersten möglichen Beobachtungen noch ganz einfacher Verhaltensweisen mit dem besonderen Schwerpunkt auf der Körpersprache folgt jetzt ein Beispiel für die Verlern-/Erlernliste, die Rückmeldung oder für Löschen und Verstärken.

Verlernen:

NICHTBEACHTUNG

Versprechen, Stocken, Zittern, Erröten, Klagen, Weinen,
Selbstabwertungen,
Entschuldigungen,
Äußerungen wie »Ich kann nicht«,
Fehler bei der Übung selbst,

Verlegenheitsgesten,
Albernheiten,
Trotzverhalten,

Drohungen,
ablehnendes feindliches Verhalten.

Erlernen:

POSITIVE BEACHTUNG

Beim Fordern: Aufrechte Haltung, Blickkontakt zum Partner, relativ geringe körperliche Distanz, bestimmter Tonfall und klare, relativ laute Stimme, gestisches Unterstreichen und bestimmter Gesichtsausdruck.

Beim Ablehnen: Eine freundliche Mimik mit bestimmtem Gesichtsausdruck.

Im Kontakt: Körperliche Zuwendung, Lächeln, gelöste reichhaltige Gestik, freundlicher Tonfall, direktes Äußern von Gefühlen.

Allgemein im **Sprachinhalt:** Geschickte Lösungen, Loben, nur Auskunft über sich selbst geben, die Ich-Form benutzen.

Im Gespräch: Offene Fragen stellen und positive Rückkoppelung geben. Alle positiven Feststellungen über sich selbst, wenn sie Ausdruck eines gewachsenen Selbstwertgefühls sind und mit dem gezeigten Verhalten übereinstimmen.
Die Übereinstimmung des körperlichen und sprachlichen Verhaltens zu einer Aussage oder Mitteilung.

5.5 Wie ich eine Übungssituation lese

Im Folgenden werden vier Bereiche benannt, in denen unterschiedliche Handlungsweisen eingeübt werden.
Die eigentliche Handlung ist durch Fettdruck im Text hervorgehoben.

- Ein Handlungsgebiet ist, etwas von anderen zu wollen. Sie **fordern etwas, was Ihnen zusteht.**
  Dazu gehören Handlungen wie: Auskünfte erfragen, sich beschweren, auf etwas bestehen, jemanden um einen Gefallen bitten, etwas für sich oder für andere verlangen, gegen Unrecht protestieren (Recht fordern usw.). Es geht hier darum, dies energisch und bestimmt tun zu können.

- Ein zweites Gebiet betrifft die Fähigkeit, **unbillige Forderungen oder Bitten von anderen abschlagen zu können.** Sie sollen sich nicht von anderen ausnützen lassen und zu allem »Ja und Amen« sagen, nur weil Sie Angst haben, jemanden zu kränken, zu beleidigen, ihm weh zu tun und von ihm abgelehnt zu werden. Sie sollen einer Auseinandersetzung, die notwendig ist, nicht aus dem Wege gehen um des lieben Friedens willen.
  Diese Handlungen sind: **Nein-Sagen**, etwas ablehnen, etwas zurückgeben, aufdringliche Leute wegschicken, eine Bitte abschlagen, einen Vorschlag zurückweisen. Es geht hier darum, dies freundlich-bestimmt ohne Skrupel vor der Entscheidung tun zu können.

- Im dritten Gebiet geht es um die Fähigkeit, sich der **öffentlichen Beachtung aussetzen** zu können und **Kritik offen zu äußern**, ohne Angst vor »Fehlern«, Blamage, lächerlich oder dumm zu erscheinen, auch **berechtigte Kritik ertragen** zu können. Dazu gehört, dass Sie Kritik offen äußern können, ohne Angst, jemanden tödlich zu beleidigen – etwa Handlungen wie: »Es stört mich, wenn Du …« Es ist wichtig, dass Sie hierbei die richtige Form des Kritisierens lernen.
  Hierher gehören auch Handlungen wie: laut rufen, vor mehreren Leuten reden (Vortrag), Fehler absichtlich machen, kritisiert werden, beschimpft werden.

- Im vierten Bereich **Kontaktverhalten** sind verschiedenartige Fähigkeiten angesprochen: Ein Gespräch beginnen und aufrechterhalten, eigene Gefühle mitteilen, körperliche Nähe ertragen, Verabredungen treffen, verstehen, was andere mitteilen, freundlich sein, lächeln, grüßen, freundlicher Blickkontakt.
  Hierzu gehört, dass Sie liebenswürdig, ohne Scheu und Hemmung auf andere zugehen. Sie lernen, Ihre Gefühle ohne Vorwurf auszudrücken.

Wenn Sie die im Druck hervorgehobene Handlung eingeordnet haben, wissen Sie also schon einiges über das Verhaltensziel und über die erforderlichen Handlungsweisen. Sie erkennen bald, was innerhalb eines solchen Zielbereiches von ähnlichen Handlungen gezielt bekräftigt werden soll.
Jede Handlung ist aber abhängig von der Situation, in der Sie sie später ausführen werden, das heißt:
Mit **wem** Sie es zu tun haben, **wie dieser reagiert, wo, wann und warum.**

5.6 Wie ich die Schwierigkeit einer Situation richtig einschätzen lerne: Die richtige Wiedergabe in der Verhaltensprobe

Die Schwierigkeitseinschätzung einer Situation in Prozent sollte 30% nie übersteigen. Die Eichung dieses *Angstthermometers* könnte etwa heißen: 0% = es regen sich keinerlei unangenehmes Gefühl noch irgendein unguter Gedanke bei der Vorstellung, die Situation aufzusuchen und in der vorgegebenen Form zu erfahren. 30% bedeutet ein leichtes Kribbeln oder leicht flaues Gefühl, 50% würde nur noch mit starker Überwindung, also in der Regel mit Ausklammerung wichtiger Erlebnisbereiche (Sprung ins kalte Wasser), zu schaffen sein, 70% nur, wenn ein anderer zusätzlich Druck ausübt oder hilft, und 100% wäre die höchste Schwierigkeit, also eine Situation, die ich normalerweise nie aufsuchen würde. Die Einschätzung der Situationen in ihrem treppenartig ansteigenden Schwierigkeitsgrad muss immer wieder neu unmittelbar vor den Übungen vorgenommen werden, weil sie sich naturgemäß mit den laufenden positiven Erfahrungen wieder verringert.

Innerhalb einer Handlungshierarchie steigen die Verhaltensweisen nach der Schwierigkeit in sehr feinen Abstufungen an. Natürlich ist für den einen aufgrund seiner Lerngeschichte manchmal etwas schwierig, was für andere leicht ist, und umgekehrt. Die Schwierigkeit der Handlung ist ja nicht nur durch die gelernte Angst, sondern zum Teil auch durch das Nichtgelernte, das Nichtwissen »wie« oder die fehlende soziale Fertigkeit bedingt. Wir wissen auch bereits, dass Schwierigkeiten zum Teil aus der gelernten Fehlbewertung einer Situation entstehen, etwa durch den Bezug auf Normen, Verbote oder Abwertungen für die betreffende Verhaltensweise. Dann kommen meist Kommentare, wie »das darf man doch nicht tun«, »das würde ich nie tun«, »so etwas gehört sich einfach nicht«. Falls solche Probleme auftauchen, empfehlen wir, nochmals das Kapitel über Regeln und Normen in Band 1 durchzuarbeiten. Entscheidend ist, dass gerade solche Handlungen, vor deren Folgen man Angst hat, erst einmal ohne Angst ausgeführt werden können. Niemand will Ihnen vorschreiben, welche Verhaltensweisen Sie später in entsprechenden Situationen wählen, aber Sie müssen die *Möglichkeit haben zu wählen*.

Die richtige Einschätzung der Schwierigkeit einer Situation ist nicht nur für die Hausaufgaben, sondern auch für die richtige Wiedergabe der Situation in der Verhaltensprobe sehr wichtig. Wenn Sie die Handlung in eine der vier großen Hierarchien eingeordnet haben, sollten Sie sich über den Status derjenigen Person, mit der Sie die betreffende Handlung üben, im Klaren sein.

Zum Beispiel wird beim »Fordern« vermutlich die Schwierigkeit wachsen, wenn der Partner für Sie Macht und Autorität verkörpert oder Sie von ihm abhängig sind. Deshalb üben Sie erst mit Unbekannten oder flüchtigen Bekannten und erst später mit Vorgesetzten oder Eltern.

Im Bereich des Kontaktverhaltens wird wiederum der Grad von Sympathie, von Freundlichkeit und Nähe gegenüber dem Übungspartner die Schwierigkeit ansteigen lassen.

Beim Neinsagen und Ablehnen wächst die Schwierigkeit ebenfalls zumeist mit dem Grad der emotionalen Abhängigkeit von der betreffenden Person. Bei der Angst vor Fehlern und der öffentlichen Beachtung sind es sowohl die zunehmende Zahl der Personen als auch der Status der Bezugspersonen, die die Schwierigkeit ansteigen lassen.

Nehmen wir einmal ein Beispiel aus dem Bereich »Fordern«. Die Handlung der Übung könnte etwa das Erfragen einer Auskunft sein, der Partner ein Straßenpassant. Die Festlegung der Schwierigkeit könnte hier bedeuten: einen Straßenpassanten kenne ich nicht, vom Alter, Status und Aussehen ist er für mich neutral. Beim Durchführen Ihrer Hausaufgaben könnte also eine Schwierigkeitssteigerung eintreten, wenn Sie eine attraktive Person des anderen Geschlechtes oder einen Polizisten fragen würden.

In dieser Weise können Sie innerhalb der geübten Situation geringfügige Schwierigkeitsabstufungen selbst vornehmen. Es empfiehlt sich jedoch, dies vorher mit Ihrem Therapeuten abzusprechen. Auf jeden Fall ist es meist verhängnisvoll, wenn ein zu großer plötzlicher Anstieg in der Schwierigkeit gewählt wird.

Dies gilt auch für die Wiedergabe der Situation in der Verhaltensprobe. Da die Gruppenmitglieder die Situation nacheinander durchproben, dienen Sie auch allen, die später üben, als Modell. Wenn Sie die im Text vorgegebene Schwierigkeit der Übungssituation nicht befolgen, etwa indem Sie als Übungspartner die Schwierigkeit in der »Partnerreaktion« immer mehr ansteigen lassen, und andere ahmen dies nach, so hat meist der Letzte bei der Verhaltensprobe das Nachsehen.

Dies kann bei der in den Übungen festgelegten Reaktion der Bezugspersonen passieren. Besonders in Situationen, bei denen dann mehr und mehr Rede und Gegenrede abwechseln, führt ein falsches Verstehen der Situation oder auch ein unangebrachter Ehrgeiz dazu, dass nicht rechtzeitig die festgelegte Reaktion, etwa Zustimmung, gezeigt wird und so die Schwierigkeit der Übung nach oben getrieben wird.

Um eine Übungssituation richtig zu lesen und richtig wiederzugeben, ist also besonders darauf zu achten, dass die Handlung der Situation richtig in die vier Hauptübungsgebiete (Hierarchien) eingeordnet wird, die Auslöser für die Schwierigkeit der Übung richtig erkannt und interpretiert werden und die Reaktion des Übungspartners dem Übungstext gemäß wiedergegeben wird.

Die **Auslöser**, welche die Schwierigkeit einer Situation bewirken, liegen, wie wir in Teil I gesehen haben, **vor** der Handlung. Die Signale, die hier Bedeutung haben, sind einerseits die Art der Bezugsperson – so kann ein gutmütig aussehender Rentner »leichter« sein als eine hübsche junge Frau oder eine mürrisch dreinschauende Verkäuferin – und andererseits der Ort, wo sich diese Handlung abspielt – so kann es etwa »leichter« sein, eine sympathische Person auf der Straße anzulächeln als in einem Café.

Die Teile der Übung, die unmittelbar auf eine Handlung **folgen**, die festgelegten Reaktionen des Übungspartners, definieren die Schwierigkeiten durch nachfolgende **Konsequenzen**. Sie machen eine Situation mehr oder weniger unangenehm.

Die festgelegte Reaktion des Übungspartners darf daher niemals endgültig ablehnend sein, weil gerade diese Befürchtung die Anwendung solcher Handlungen behindert.

Der Handlung vorausgehende Situationselemente (Reize) und der Handlung nachfolgende Konsequenzen (etwa Reaktionen der anderen) sind die Variablen, welche die Schwierigkeiten einer Handlung exakt bedingen.

Ihre Kenntnis erlaubt sowohl die richtige Wiedergabe der Situation als auch eine systematische Veränderung der Schwierigkeit.

5.7 Wie ich die einzelnen Situationen praktisch übe: Die Verhaltensprobe und das Lernen am Modell

Sie wissen jetzt, wie Sie eine Übungssituation lesen und interpretieren. Neues Verhalten ist aber ohne Übung undenkbar. Der erste Schritt in der praktischen Einübung des neuen Sozialverhaltens ist:

DIE VERHALTENSPROBE

Das Erproben und Einstudieren neuer Verhaltensweisen ist an sich keine Erfindung der Verhaltenstherapie. In der Schule, beim Erwerb des Führerscheines, in Tanzkursen, im Theater, überall, wo ein neu zu lernendes Verhalten aufgebaut werden soll, wird dies in kleinen Schritten und durch zähe Einübung erarbeitet. Bei sehr komplizierten Verhaltensweisen, wie wir sie bei sozialem Verhalten wegen der Vielzahl seiner Regeln und Bedingungen finden, ist mit zu berücksichtigen, dass man die Erprobung des Verhaltens in wirklichkeitsnäheren Bedingungen durchführt. Sie kennen ein solches Training etwa als Simulation bei der Schulung des Weltraumpersonals. Die Verhaltenstherapie hat die Möglichkeiten solcher Trainingsmethoden aber in entscheidender Weise verbessert. Unter Einsatz der Ihnen bereits bekannten Lernmethoden wie Lernen am Modell, Lernen durch gezielte Bekräftigung und unter Weglassen der angsterzeugenden Bedingungen kann aus dem Probieren neuen Verhaltens eine sehr effiziente Formung neuen Verhaltens werden. Die Verhaltensprobe sieht nun so aus: Sie lesen sich den Übungstext durch und achten besonders auf die Analyse der bedingenden Variablen sowie die Hervorhebung unter den Rubriken, »Ziel« und »Beachten Sie«. Dann verfolgen Sie die richtige Wiedergabe der Situation durch Mitglieder der Gruppe, in der Regel jedoch durch Therapeuten, Film oder Videoaufzeichnungen. Beim **Modelllernen** beobachten Sie besonders, wie das Modell den Übungstext wiedergibt, seine mimischen, gestischen Reaktionen (seinen Gesichtsausdruck, seine Körperhaltung und körperlichen Mitbewegungen, wie laut es etwas sagt und vieles andere). Natürlich braucht das Modell die Übungssituation nicht wörtlich wiederzugeben. Wichtig ist nur, dass die Situation in etwa innerhalb der vorbestimmten Schwierigkeit bleibt. Beachten Sie das Modell, also die Person, welche die Übung durchführt, nicht so sehr den Rollenspielpartner. Versuchen Sie, das **Modellverhalten so gut als möglich nachzuahmen**.
Sie brauchen bei der Wiedergabe nicht originell zu sein. Im Gegenteil, Sie tun sich leichter, auf Ihr eigenes Verhalten zu achten, wenn Sie am Anfang inhaltlich das Verhalten und die Redewendungen des Modells einfach komplett übernehmen. Sie werden die Wirkung des Modelllernens in der Gruppensitzung noch oft genug erfahren. Sie selber werden später Lösungen finden, die so gut sind, dass sie automatisch von allen anderen, die nach Ihnen üben, imitiert werden. Sie dienen also auch als Modell für alle, die nach Ihnen proben. Daher ist es wichtig, die vorgegebene Schwierigkeit nicht zu erhöhen. Auch außerhalb der eigentlichen Übungen ist es wichtig, das Verhalten des Therapeuten nachzuahmen. Die Einübung der gezielten und unterscheidenden Bekräftigung wird Ihnen

wesentlich leichter fallen, wenn Sie entsprechende Verhaltensweisen Ihrer Therapeuten einfach nachahmen.

Die **Verhaltensprobe** ist von anderen therapeutischen Richtungen auch als Rollenspiel bekannt. Bei beiden Verfahren trainieren Sie zunächst Ihr eigenes Verhalten mit einem anderen Partner, der eine bestimmte Rolle einnimmt. Im Anschluss daran üben Sie mit diesem oder einem anderen dieselbe Situation, wobei Sie jetzt in der Position des Reagierenden sind. So können Sie die Auswirkung Ihres eigenen Verhaltens bei anderen besser wahrnehmen lernen. Die Verhaltensprobe unterscheidet sich vom Rollenspiel vor allem durch das Ziel: Beim Rollenspiel schlüpft man praktisch in die Position eines anderen, die Handlungsweisen sind »geliehen«, das Ganze bleibt sehr leicht eine künstliche Theaterspielsituation. Mit der Verhaltensprobe ist ausdrücklich auf die kommende Anwendung in der Realität verwiesen. Das Verhalten soll und darf in der entspannten Atmosphäre von gemeinsam Lernenden probiert werden. Ein perfektes Theaterspielen, das die eigentlichen Schwierigkeiten nur verdeckt, weil man sich sagt: »das würde ich in der Realität doch nie so machen«, ist häufig genug nur ein Vermeidungsverhalten, was ja die Überwindung der Schwierigkeiten verhindert. Deshalb sollte es unterbleiben.

C

Übungsteil

1. Erster Übungsabschnitt: »Straße«

1.1 Verhaltensprobe

Die Handlung besteht vor allem in flüchtigen Kontakten mit Unbekannten, die man meist nicht wiedersieht.

Schon in diesen ersten Übungen lernen Sie alle grundlegenden Prinzipien des sozialen Handelns anzuwenden.

Manchmal erscheinen die Situationen als Lappalie, bei näherem Hinsehen jedoch wird klar, dass hier schon sehr wichtige Prinzipien der Steuerung von Verhalten, vor allem auch im Bereich der Körpersprache, enthalten sind.

Dieser Übungsabschnitt ist damit ein wichtiger praktischer Einstieg, um Ihr Verhalten zu ändern. Sie lernen durch Ihr eigenes Handeln, andere zu steuern, anstatt bloß immer von anderen gesteuert zu werden.

Sie machen in allen vier Haupthierarchien die ersten Schritte auf Ihre Lernziele hin.

Eine soziale Situation selbst ist niemals einfach und banal, wenn sie bewusst wahrgenommen und in ihren Regeln verstanden wird.

Sie erkundigen sich bei einem Passanten **nach einer Straße**, von der Sie annehmen, dass sie sich **in unmittelbarer Nähe** befindet.

Die Person ist freundlich und gibt Ihnen genaue Auskunft.
Beginnen Sie Ihr Gespräch etwa mit:
»Guten Tag, ich suche die … straße«,
»Guten Tag, wissen Sie, wie ich am besten zur … straße komme?«
»Ach bitte, können Sie mir sagen, wo die … straße ist?«

▶ ZIEL:

Sie sollen bei diesen Übungen lernen, dass bereits einfache zwischenmenschliche Handlungen, wie Auskünfte einholen oder Auskünfte geben, besser auf einer gleichberechtigten, partnerschaftlichen Ebene ablaufen.
Sie werden sehen, dass Sie auch ohne Entschuldigungen die gewünschten Auskünfte erhalten.

▶ BEACHTEN SIE:

Sprechen Sie laut und deutlich, verwenden Sie einen freundlichen Tonfall. Vermeiden Sie auf jeden Fall überflüssige Entschuldigungen wie »Entschuldigen Sie bitte …« oder »Ich bin fremd hier.«
Die Kontaktaufnahme mit anderen Menschen ist kein Grund, sich zu entschuldigen. Solche überflüssigen Redensarten drücken eine Unterlegenheit gegenüber anderen aus und verstärken Hemmungen und Unsicherheit.

Sie fragen jemanden auf der Straße **nach einem komplizierten Weg**. Dabei könnte es sich in einer Stadt um ein weit entferntes zentrales Gebäude, um eine Fernverkehrsstraße oder Ähnliches handeln.
In ländlichen Gebieten käme ein Ausflugsziel oder die nächste Gemeinde in Frage.

Die gefragte Person ist sehr freundlich und gibt Ihnen genaue Auskunft über Straßenbahn usw.
Sie vergewissern sich durch **Rückfrage**, ob Sie es genau verstanden haben.

▶ ZIEL:

Hierbei sollen Sie lernen, dass der Zweck einer Auskunft erst voll erfüllt ist, wenn Sie sie auch richtig verstanden haben.
Viele zwischenmenschliche Probleme entstehen aus Angst, andere zu belästigen.
Wenn Sie eine Auskunft nicht voll verstanden haben und auch nicht rückfragen, müssten Sie erneut andere Leute fragen, bei denen es Ihnen ähnlich ergehen könnte. Für Sie selbst würde das bedeuten, dass Ihre Handlungen keine positiven Folgen haben. Ihr Sozialverhalten würde eingeschränkt.

Sie fragen jemanden auf der Straße **nach einem komplizierten** Weg. Dabei könnte es sich in einer Stadt um ein weit entferntes zentrales Gebäude, um eine Fernverkehrsstraße oder Ähnliches handeln.
In ländlichen Gebieten käme ein Ausflugsziel oder die nächste Gemeinde in Frage.

Die gefragte Person gibt Ihnen nur ungenau die Richtung an und will dann weitergehen. Sie **erscheint** Ihnen diesmal **etwas ungehalten.**
Sie fragen nachdrücklich noch einmal und erhalten eine kurze, aber präzise Auskunft, die Ihnen zunächst weiterhilft.

▶ ZIEL:

Sie werden sehen, dass Sie auch weniger gesprächsbereite Personen nicht mit Ihrem Anliegen belästigen. Eine kurze Auskunft können Sie dennoch erhalten.

▶ BEACHTEN SIE:

Sie lassen sich nicht durch die schlechte Laune von anderen beeinflussen, Sie bleiben freundlich und bestimmt.

Ein Straßenpassant fragt Sie nach einer Straße, die Sie kennen. Die Erklärung wäre kompliziert, und Sie haben überhaupt keine Zeit, weil Sie Ihre Straßenbahn (Ihren Zug) erreichen wollen.

Sie geben **freundlich zur Antwort**: »**Ich habe keine Zeit**« und gehen weiter.
Der andere lässt sich aber nicht abschütteln und meint, Sie könnten es ihm ja ganz kurz erklären.
Sie antworten: »Nein, ich bin wirklich in Eile.«

▶ ZIEL:

In dieser Situation üben Sie, anderen etwas abzuschlagen, ohne Schuldgefühle zu bekommen und ohne sich zu entschuldigen. Sie können zwar das Anliegen des anderen verstehen, sind jedoch wirklich in Eile.

▶ BEACHTEN SIE:

Unterstreichen Sie auch mit Ihrer Körpersprache die Ablehnung.

5

Wenn Sie heute auf der Straße üben und **Passanten Ihnen entgegenkommen, bemühen Sie sich, nicht auszuweichen.**

DIe Entgegenkommenden sind im Gespräch. Sie selbst sind in Eile und gehen schnell auf die Gruppe zu. Schauen Sie kurz vor dem Zusammentreffen Ihr Gegenüber direkt an. Sie gehen geradewegs Ihren Weg, die anderen weichen aus.

▶ ZIEL:

Sie erfahren, wie unnötig es ist, daß immer Sie den anderen ausweichen. Da Sie es offensichtlich eiliger haben als die anderen, ist es richtig, daß Ihnen der Vortritt gegeben wird.

▶ BEACHTEN SIE:

Ziel der Übung ist es **nicht**, andere absichtlich anzurempeln. Sie sehen den anderen an, Sie achten auf eine gerade Haltung und »machen sich groß«, indem Sie die Schultern zurücknehmen, das Kreuz durchdrücken und den Kopf heben.

6

Die Situation gestaltet sich wie 5.
Diesmal spazieren Sie jedoch **ohne Eile**. Jetzt bleiben Sie kurz vor dem Zusammentreffen stehen und sehen Ihr Gegenüber direkt an. Sie lächeln freundlich. Die anderen weichen aus.

▶ ZIEL:

Im Gegensatz zur vorherigen Übung haben hier beide Partner die gleiche Veranlassung auszuweichen. Warum aber sollen immer Sie derjenige sein, der ausweicht?

▶ BEACHTEN SIE:

Sie sehen dem anderen mit gerader Haltung offen ins Gesicht.

Mehrere Personen gehen gleichzeitig auf eine Tür zu. **Sie** wollen der Erste sein und **gehen zuerst durch die Tür.** Achten Sie auch in Zukunft darauf, sich nicht abdrängeln zu lassen.

▶ ZIEL:

Sie sollen erfahren, dass Sie nicht immer hintan zu stehen brauchen. Versuchen Sie bewusst, einer der Ersten zu sein.

▶ BEACHTEN SIE:

Vergessen Sie nicht, dass Sie hierbei üben, Ihre Hemmungen zu überwinden.
Ziel ist es **nicht,** sich ein rücksichtsloses Verhalten anzugewöhnen.

Sagen Sie Ihrem Gruppennachbarn **so freundlich wie möglich »Guten Tag«**; sehen Sie ihn dabei an und nicken Sie dabei etwas mit dem Kopf.

Der andere wird Sie ebenso freundlich zurückgrüßen. Üben Sie das Grüßen jetzt auch mit Ihren Mitpatienten und anderen Bekannten recht häufig (Nachbarn, Kollegen, im Lift und so weiter).

▶ ZIEL:

Lernen Sie zu erkennen, wie Sie mit einfachen Mitteln – freundlich grüßen – das Verhalten Ihrer Umwelt zu Ihnen steuern können.
Sie senden freundliches Verhalten aus und empfangen freundliche Reaktionen.
Sie lernen, dass positive Folgen Ihres Handelns Ihr Selbstwertgefühl verbessern.
Deshalb werden Sie jetzt besser verstehen, dass es notwendig ist, dieses Verhalten so oft zu üben, bis es zur Gewohnheit wird.

1.2 Hausaufgaben zum ersten Übungsabschnitt »Straße«

Die Durchführung und Kontrolle der Hausaufgaben

Zunächst werden die Übungen, die Sie gemeinsam in den Therapiesitzungen geprobt haben, in der Realität wiederholt.

Dies geschieht am besten unmittelbar nach einer Gruppensitzung, auf jeden Fall sollten die ersten Übungen mit der Gruppe gemeinsam durchgeführt werden. Auch hier können die Übungen der anderen Gruppenteilnehmer beobachtet und als Modellsituationen benutzt werden. Natürlich sollte nicht die ganze Gruppe in einer Schlange einen Passanten nach der Uhrzeit fragen. Sie begeben sich in eine belebte Gegend oder üben in einem Gebiet, wo viele Passanten vorbeikommen. Sie können sich am Anfang ruhig Passanten aussuchen, die gemäß der vorgeschriebenen Übung als relativ »leicht« erkenntlich sind, also nicht unbedingt Leute in sehr großer Eile oder ersichtlich Ortsfremde.

Wo das massierte Auftreten der Gruppe beim Üben zu sehr ins Auge fallen würde, ist es zweckmäßig, sich in kleine Gruppen aufzuteilen und sich anschließend wieder zu treffen. Lesen Sie bei der Wiederholung der bereits geübten Situationen bitte *noch einmal* den Originaltext durch, besonders die Spalten »Ziele« und »Beachten Sie«. Hinter den fortlaufenden Nummern der Hausaufgaben finden Sie eingeklammert die Nummer der zugehörigen Verhaltensprobe. Die neu eingefügten Situationen, die entweder von ihrer Natur her nicht in der Verhaltensprobe geübt werden können oder die Sie auf Grund der Schwierigkeit auch allein bewältigen können, sind wie die Übungstexte zu lesen: Sie vergewissern sich durch Einschätzung der Handlung und der schwierigkeitsbedingenden Variablen über den Schwierigkeitsgrad der Übung. Sie lesen aufmerksam die »Ziele« und die Spalte »Beachten Sie« durch.

Im Anschluss an die Hausaufgaben finden Sie jeweils eine Kontrollseite, auf der die Zwecke der jeweiligen Aufgabe und das Lernziel noch einmal dargestellt sind. Diese Beiblätter sollen Ihrer **eigenen Kontrolle** dienen: In die rechte, freigelassene Spalte tragen Sie bitte jeweils ein, ob Sie das angestrebte Kriterium erzielt haben. Die Anzahl der Punkte gibt Ihnen dann eine Meldung über die regelrechte Durchführung der Hausaufgaben.

Vergessen Sie nicht, dass Sie etwas Neues ausprobieren und dass nicht alle Straßenpassanten das ATP kennen!

Wenn bei einzelnen Übungen Schwierigkeiten entstehen, Übungspartner besonders unwirsch reagieren, bestimmte Fertigkeiten noch fehlen und erneut Angst entsteht, sollten Sie die Übung möglichst direkt wiederholen, eventuell mehrfach, bis Ihr unangenehmes Gefühl am Ende der Übung gegenüber dem anfänglichen Unbehagen verringert ist. Andernfalls kann die Angst wieder anwachsen und Vermeidung bewirken.

Neben der häufigen Wiederholung und der Beendigung von Übungen im spannungsverminderten Zustand ist die Dauer der Konfrontation mit der unangenehmen, angstauslösenden Situation von großer Bedeutung.

Wissenschaftliche Untersuchungen haben gezeigt, dass bei allen Menschen eine Gewöhnung an peinliche, hemmende, angstauslösende Situationen eintritt, wenn sie lange genug in der Situation ausharren.

Deshalb würden wir Ihnen raten: Üben Sie, wann immer sich die Gelegenheit ergibt, und führen Sie selbst absichtlich Situationen herbei, die sich zum Üben eignen.

Achten Sie aber darauf, dass Sie sich niemals zu »Übungszwecken« in Situationen begeben, deren Bewältigung Sie noch nicht gelernt haben und die eventuell für Sie noch zu »schwer« sind.

Wenn Sie den Eindruck haben, dass Ihnen die Übung auf Anhieb nicht so leicht von der Hand geht, so ist dies kein Beinbruch: **Sie dürfen Fehler machen**, Sie fangen ja gerade an, **mit neuem Verhalten zu experimentieren**.

Wiederholen Sie mehrfach die Situation, am besten zunächst mit anderen Gruppenmitgliedern.

Sie werden sehen, dass Sie sich die neuen Zielverhaltensweisen durch häufiges Üben gut aneignen können.

9 (1)

Sie erkundigen sich nach einer Straße in unmittelbarer Nähe.

▶ RICHTLINIEN FÜR IHRE BEWERTUNG:

Punkte	Kriterien	Erreichte Werte
1	Ich habe die Übung durchgeführt.	. . . .
1	Ich habe mich dabei nicht entschuldigt.	. . . .
1	Ich habe die Frage deutlich und in einem freundlichen Tonfall gestellt.	. . . .
1	Ich habe die Übung mindestens dreimal wiederholt.	. . . .
4		. . . .

Die Übung gilt als erfüllt, wenn Sie mindestens zwei Punkte erzielt haben.

10 (2/3)

Sie fragen nach einem komplizierten Weg. Sie vergewissern sich durch eine Rückfrage, ob Sie es genau verstanden haben.

▶ RICHTLINIEN FÜR IHRE BEWERTUNG:

Punkte	Kriterien	Erreichte Werte
1	Ich habe die Übung durchgeführt und eine Rückfrage gestellt.	. . . .
1	Ich habe mich dabei nicht entschuldigt und unnötige Erklärungen unterlassen.	. . . .
1	Ich habe die Rückfrage deutlich und präzise gestellt.	. . . .
2	Ich habe die gegebene Erklärung genau verstanden. Oder: Ich habe meine Fragen anderen Personen gestellt, bis ich eine präzise Auskunft bekommen habe.	. . . .
5		. . . .

Die Übung gilt als erfüllt, wenn Sie mindestens drei Punkte erzielt haben.

Wenn Ihnen Passanten entgegenkommen, bemühen Sie sich, nicht auszuweichen. Sie gehen **schnell** auf die Gruppe zu.

▶ RICHTLINIEN FÜR IHRE BEWERTUNG:

Punkte	Kriterien	Erreichte Werte
1	Ich habe die Übung dreimal durchgeführt, ohne auszuweichen und ohne die anderen absichtlich anzurempeln.	. . . .
1	Ich habe mein Gegenüber direkt angesehen.	. . . .
1	Ich habe auf eine gerade Haltung geachtet.	. . . .
2	Die Entgegenkommenden sind ausgewichen.	. . . .
	Oder:	
	Ich habe die Übung mindestens fünfmal wiederholt.	. . . .
5		. . . .

Die Übung gilt als erfüllt, wenn Sie mindestens drei Punkte erzielt haben.

12 (6)

Wenn Ihnen Passanten entgegenkommen, bemühen Sie sich, nicht auszuweichen. Sie spazieren **ohne Eile** auf Ihr Gegenüber zu.

▶ ZIEL:

Im Gegensatz zur vorherigen Übung haben hier beide Partner die gleiche Veranlassung auszuweichen. Warum aber sollten immer Sie derjenige sein?

▶ BEACHTEN SIE:

Schauen Sie dem anderen mit gerader Haltung offen ins Gesicht.

▶ RICHTLINIEN FÜR IHRE BEWERTUNG:

Punkte	Kriterien	Erreichte Werte
1	Ich habe die Übung dreimal durchgeführt, ohne auszuweichen und ohne mich zu entschuldigen.	. . . .
1	Ich habe mein Gegenüber direkt angesehen.	. . . .
1	Ich hatte eine lässige und offene Haltung.	. . . .
2	Ich habe freundlich gelächelt.	. . . .
5		. . . .

Die Übung gilt als erfüllt, wenn Sie mindestens drei Punkte erzielt haben.

Sie gehen als Erster durch eine Tür (Lift, Kaufhaus, Verkehrsmittel).

▶ ZIEL:

Hier sollen Sie erfahren, dass Sie nicht immer hintan zu stehen brauchen. Versuchen Sie bewusst, einer der ersten zu sein. Vergessen Sie nicht, dass Sie hierbei üben, Ihre Hemmungen zu überwinden. Ziel ist es **nicht,** sich ein rücksichtsloses Verhalten anzugewöhnen.

▶ RICHTLINIEN FÜR IHRE BEWERTUNG:

Punkte	Kriterien	Erreichte Werte
1	Ich habe mich nicht zurückdrängen lassen, aber auch nicht andere rücksichtslos beiseite geschubst	. . . .
2	Ich habe dieses Verhalten bei jedem passenden Anlass geübt.	. . . .
2	Ich empfinde es jetzt als natürlich, mich nicht mehr zurückdrängen zu lassen.	. . . .
5		. . . .

Die Übung gilt als erfüllt, wenn Sie mindestens drei Punkte erzielt haben.

14

Üben Sie, freundlich zu lächeln.

Wenn Sie zu Hause ganz ungestört sind, schauen Sie in den Spiegel und üben, jemanden zu begrüßen oder freundlich um eine Auskunft zu bitten. Registrieren Sie zunächst ganz ruhig und gelassen, ob sich Ihre Gesichtszüge dabei verändern, ob Sie den Kopf bewegen, ob Sie locker oder verkrampft wirken. Dann setzen Sie sich ganz entspannt hin, schließen die Augen und lockern Ihre **Gesichtsmuskeln**, etwa indem Sie den Mund leicht öffnen. Jetzt stellen Sie sich vor, dass Sie jemanden wiedersehen, den Sie sehr gern haben, oder denken Sie an eine andere sehr lustige oder angenehme Situation. Sie schauen jetzt wieder in den Spiegel und wiederholen Ihre Übung. Sie beobachten, ob Ihr Gesichtsausdruck jetzt freundlicher wirkt, und versuchen zu lächeln. Diesen Vorgang sollten Sie mehrmals wiederholen, bis Sie eine deutliche Verbesserung wahrnehmen.

▶ ZIEL:

Ein freundlicher Gesichtsausdruck, Offenheit und Lächeln sind die wichtigsten Hinweisreize für Kontaktbereitschaft. Lachen und fröhliches Lächeln macht nachweislich die dazu passenden Stimmungen und umgekehrt. Es ist daher sehr wichtig, über diese Fähigkeiten zu verfügen. Natürlich geht es nicht darum, nun immerzu zu lächeln. In anderen Situationen ist ein ernster bestimmter Gesichtsausdruck ebenso notwendig.

Sie bemühen sich, Menschen Ihrer Umgebung (Nachbarn, Kollegen, im Lift, in Lokalen usw.) so freundlich als möglich zu grüßen.

▶ ZIEL:

Lernen Sie erkennen, wie Sie mit einfachen Mitteln (freundlich grüßend) das Verhalten Ihrer Umwelt Ihnen gegenüber steuern können. Sie senden freundliches Verhalten aus und empfangen freundliche Reaktionen. Sie lernen, dass positive Folgen Ihres Handelns Ihr Selbstwertgefühl verbessern. Deshalb werden Sie jetzt besser verstehen, dass es notwendig ist, dieses Verhalten so oft zu üben, bis es zur Gewohnheit wird.

▶ RICHTLINIEN FÜR IHRE BEWERTUNG:

Punkte	Kriterien	Erreichte Werte
1	Ich habe mein Gegenüber beim Grüßen angesehen und freundlich gelächelt.	. . . .
1	Ich habe mich dabei locker und offen gezeigt. (Ich habe mit dem Kopf genickt und mich dem anderen zugewandt.)	. . . .
1	Ich habe dieses Verhalten bei jedem passenden Anlass geübt.	. . . .
2	Ich fühlte mich bei dieser Kontaktaufnahme nicht (mehr) befangen und freue mich über die positiven Reaktionen.	. . . .
5		. . . .

Die Übung gilt als erfüllt, wenn Sie mindestens drei Punkte erzielt haben.

16

Sie lesen laut einen Text von fünf Minuten Dauer vor.

Sie sind allein zu Hause und stellen sich vor den Spiegel.

Da Sie alle lesen und reden können, geht es bei der Übung ganz vorwiegend um Ihre Fähigkeit, sich »Fehler« leisten zu lernen. Sie könnten etwa probieren, Versprecher absichtlich einzubauen und längere Pausen auszuhalten. Eine grundlegende Angstbewältigungsstrategie besteht auch darin, statt der Beschleunigung mit dem Vermeidungsplan, die Sache möglichst schnell hinter sich zu bringen, immer langsamer zu sprechen oder quasi den Rückwärtsgang einzulegen. Eine häufige »Schutzstrategie« ist auch das Nuscheln, Leiserwerden und Auslassen von Worten; dies alles mit der kurzfristigen Erwartung, nur ja keine Angriffsflächen zu bieten und dazu eben unverständlich zu werden. Üben Sie in einem solchen Fall, sehr laut und klar zu sprechen. Achten Sie darauf, dass sie keine Perfektionismuszwänge entwickeln. Es geht um das Ausprobieren der bislang gefürchteten Verhaltensweise »im Mittelpunkt stehen und Vorträge halten« in einer ersten einfachen Vorform. Nutzen Sie alle Möglichkeiten, dies dann auch vor anderen in der angegebenen Steigerung zu üben.

17 .

Sie lesen den gleichen Text von fünf Minuten Dauer jetzt einem guten Bekannten oder einem Gruppenmitglied (»Publikum«) vor.

Sie reden laut und deutlich. Sie machen Satzpausen und schauen dabei Ihren Zuhörer an. Überlegen Sie schon bei der Besprechung der Hausaufgaben, wer Ihr Zuhörer aus der Gruppe sein könnte. Dieser darf Sie bei der Übung auf keinen Fall kritisieren, soll Sie jedoch kurz sachlich loben. Er muss daher von Ihnen vor der Übung über seine »Rolle« unterrichtet werden.

▶ ZIEL der Hausaufgaben 16 und 17 sind die Vorbereitung auf »schwierigere« Vortragsübungen und der schrittweise Abbau von Redeangst (Lampenfieber).

Sie üben, Menschen Ihrer Umgebung besser wahrzunehmen.

Sie beginnen, einzelne Menschen, an denen Sie bisher achtlos vorbeigegangen sind, zu beobachten. Sie schauen sie an und achten auf Einzelheiten, etwa Alter, Haarfarbe, Augenfarbe, Gesichtszüge, Kleidung usw. Sie versuchen, sich aus diesen Einzelheiten einen Eindruck über mögliche Interessen und Tätigkeiten des anderen zu machen.

Schauen Sie die Personen beiläufig an, lassen Sie Ihren Blick immer wieder schweifen. Eine nützliche Regel zur Dauer des hierzu »angemessenen« Blickkontaktes ist es, noch einmal innerlich sich »einundzwanzig« vorzusagen, das ist etwa die Dauer einer Sekunde, die Sie länger schauen sollten, bevor Sie wieder andere Dinge mustern.

▶ ZIEL der Übung ist es, ein Gefühl dafür zu bekommen, wer um Sie lebt.

Diese Wahrnehmungsübungen sollten Sie jetzt regelmäßig durchführen. Beginnen Sie mit netten, leichten Personen. Später wird die Übung über die Einbeziehung des Gesprächs zur »Interviewübung«. Neben der Überwindung der »blinden Flecke« in Ihrer sozialen Wahrnehmung kann die Übung auch sehr gut als Gedächtnistraining eingesetzt werden: Notieren Sie Ihre Kenntnisse über die anderen zunächst unmittelbar nach der Übung und wiederholen Sie Ihre Erinnerungen zu immer späteren Zeitpunkten.

▶ RICHTLINIEN FÜR IHRE BEWERTUNG:

Punkte	Kriterien	Erreichte Werte
1	Ich habe fünf Menschen meiner näheren Umgebung erstmals beachtet.	....
1	Ich habe mir genaue Einzelheiten Ihrer Erscheinung wie z. B. die Augenfarbe gemerkt.	....
1	Ich habe mehr als fünf Menschen meiner Umgebung beachtet.	....
2	Ich habe von den Menschen, die ich beobachtet habe, auch einzelne Handlungen registriert.	....
5		....

Die Übung gilt als erfüllt, wenn Sie mindestens drei Punkte erzielt haben.

1.3 Zur Anwendung der Steuerungsprinzipien

1.3.1 Die Körpersprache als Ausdrucksmittel und soziales Hinweiszeichen

(Zu Hausaufgabe 11 [5], 12 [6] und 13 [7])

Die Verständigung mit Worten ist oft nur eine Übersetzung der Verständigung durch die Haltung, Blicke, Gesichtsausdruck, den Gang und die Gestik.

»Ich gehe geradewegs meinen Weg« heißt, dass ich weiß, was ich will, und kommt von dem Verhalten, **nicht auszuweichen.**

Ich beharre auf meinem **Standpunkt,**

ich **bestehe** auf meiner Entscheidung,

ein **aufrechter** Mensch,

eine nette, **gerade** Art,

ich **vertrete** meine Meinung,

sind Kennzeichnungen von selbstsicherem Verhalten, die aus der Beobachtung von Haltung und Gang solcher Menschen abgeleitet wurden.

Wenn Sie also körperlich solche Verhaltensweisen zeigen, ist die Signalwirkung auf andere, dass dort jemand kommt, der weiß, was er will, oft deutlicher als wortreiche Beteuerungen.

Die Konsequenz, dass andere ausweichen, zeigt Ihnen diese Wirkung an. Ihr Selbstwertgefühl steigt durch die geübte Körperhaltung.

Die Einstellung ändert sich durch Handeln.

Suchen Sie selbst Redewendungen, wo die Beschreibung von Haltung und Gang als Signal für nicht selbstsicheres Verhalten gilt (etwa: Kriecher, Bückling, über Leichen gehen, Umfallen – mit seiner Meinung –, Ausweichen, Vermeiden, hintenherum). Jemandem oder einer Sache aus dem Wege gehen, ist Vermeidungsverhalten aus Furcht vor unangenehmen Konsequenzen.

1.3.2 Die Kleidung als soziales Hinweiszeichen

(zu Hausaufgabe 18)

Das differenzierte Betrachten der Kleidung kann viel über die Erwartungen anderer mitteilen:

Das Verhalten, sich in einer bestimmten Weise zu kleiden, ist selten »nur« Ausdruck persönlicher Vorlieben.

Es signalisiert etwas über die finanzielle Situation und in diesem Rahmen über die Bezugsgruppe, der man sich verwandt fühlt, und damit über den Umgang, den jemand sucht. Die Krawatte des mittleren Angestellten, die Trachtenjoppe des bayerischen

Beamten, die Standardjeans des Jugendlichen oder des noch so sein Wollenden, die Lederjacken einer Rockergruppe, die stets nach der neuesten Mode angezogene Frau, die bewusst traditionellen, Loden- oder Kamelhaartypen bis hin zu den als Eintrittskarten vorgeschriebenen Kleiderzwängen des langen Abendkleides, des Fracks oder Smokings und der Uniform sind soziale Hinweiszeichen, die auf die Ansprache und Zugehörigkeit zu einer ganz bestimmten Gruppe anspielen und Kontakt mit anderen Gruppen ausschließen sollen.

Die »Kampfjacke« des Einzelgängers, das bewusste Mäuschengrau der »Unscheinbaren« können mangelnde Kontaktbereitschaft oder den Wunsch, hinter der Fassade im »eigentlichen Wesen« entdeckt zu werden, signalisieren. Dieses Kleidungsverhalten zeigt dann soziale Vermeidung ebenso wie Vorurteile und ablehnendes Verhalten.

Vielleicht fällt Ihnen auch bei Bekannten auf, wie sehr das soziale Verhalten, sich so oder so zu kleiden, situationsabhängig ist. Die Standardkleidung für den Beruf, für das Wochenende, für den Urlaub, wo einen keiner kennt, die Lust, sich etwas herauszuputzen, wenn man was unternehmen möchte – sie sagen bei allen wirtschaftlichen und normorientierten Grenzen etwas aus, was wer wann und wo tun muss oder möchte.

1.3.3 Die gezielte hervorhebende Bekräftigung

Sie haben schon gesehen, dass die gleiche Verhaltensweise nicht in jeder Situation und nicht von jedem automatisch als störend oder erfolgreich angesehen wird.

Mit der Zeit ist es sinnvoll, nicht mehr alles »typisch selbstsichere« Verhalten durch Aufmerksamkeit – Hinschauen – lobende Zustimmung – »sehr gut«, »fand ich prima« – in jedem Fall zu loben, sondern zu überlegen, wer wo und wann etwas ausprobiert.

In Bezug auf die zu übenden Situationen sind die Handlungsweisen, die dort am besten beobachtbar sind und am meisten Aussicht auf positive Konsequenzen versprechen, unter »Ziel« und »Beachten Sie« hervorgehoben.

Bezüglich des Einzelnen zeigen uns die Ver- und Erlernlisten eines jeden an, wo dessen besondere Schwierigkeiten liegen.

Dies erlaubt uns zu entscheiden, ob für ihn das gerade gezeigte Verhalten eher in seiner gewünschten Änderungsrichtung liegt oder ob es eher eine Tendenz zum Vermeiden von Schwierigkeiten oder zu überschießendem Verhalten anzeigt:

Herr Z., der noch niemals ein böses Wort sagen konnte, weil er sehr große Angst hat, andere zu verletzen, kann für eine etwas aggressive Äußerung anfangs durchaus bekräftigt werden, damit er lernt, einmal aus sich herauszugehen.

Frau Y., die gerade durch ihre aggressiven Äußerungen andere verprellt und so in Schwierigkeiten gerät, würde für eine Verminderung ihrer Aggressivität hervorhebend verstärkt.

Konkret könnte das so aussehen: Herr Z. wird »angerempelt« und sagt laut: »Können Sie nicht aufpassen!« Die gezielte Bekräftigung würde den selbstsicheren Aspekt seiner Äußerung **hervorheben**: »Ich fand es sehr gut, dass Sie **nicht** gekniffen und so energisch protestiert haben.« Sie würde nicht das Aggressive an sich fördern, etwa durch »Bravo, dem haben Sie es aber gegeben!« Herr Z. will ja selbstsicher werden, aber nicht als Krakeeler neue Schwierigkeiten ernten. Bei Frau Y. würde die gleiche Äußerung nicht beachtet. Wenn sie aber sonst so sehr aggressiv reagieren würde, dass sie stehen bleibt und den anderen als Trottel beschimpft oder mit einer Beleidigungsklage droht, könnte die Äußerung: »Können Sie nicht aufpassen!« schon als Fortschritt gelten und die hervorhebende Bekräftigung angebracht sein: »Ich fand es besonders gut, dass Sie sich diesmal nicht so irritieren ließen und eher **sachlich** protestiert haben.«

Durch das Hervorheben einzelner Aspekte der Handlung können Sie dem anderen eine ganz **gezielte Rückmeldung** über seinen Lernfortschritt geben. Loben wird dadurch realistischer:

Sie sagen ganz deutlich, was Sie im einzelnen besonders gut fanden, und loben nicht mehr global eine ganze Kette von unterschiedlich guten Verhaltensweisen.

Bei der **hervorhebenden Verstärkung** sprechen Sie also eine ganz bestimmte Verhaltensweise an und drücken Ihre eigene persönliche Anerkennung gerade für dieses Verhalten aus.

1.3.4 Vom Lernen, Lob zu empfangen und die angebotenen Lernhilfen zu nutzen

Wir hatten schon im ersten Teil auf die vielfältigen Möglichkeiten eines gestörten Selbstwertgefühls hingewiesen. Eine negative Selbstwertbilanz kann nicht nur dann entstehen, wenn ich zu wenig positive Konsequenzen für mein Verhalten ernte, sie kann auch mit dem eigenen Gelernten – in der Regel überhöhten Ansprüchen – im Widerspruch stehen, die mich dazu bringen, trotz ausreichend vorhandener Belohner nie zufrieden zu sein. Eine solche Haltung führt zu einer systematischen Inflation im Verstärkersystem. Eine andere Möglichkeit, die dargebotenen positiven Konsequenzen nicht als solche wahrzunehmen und mich meiner Lernhilfe zu berauben, ist die **Abwehr von Lob** durch eine gelernte Bescheidenheit, die meist mit einem dauernden Zurückstecken verbunden war und gerade die zu überwindende Unsicherheit bedingte. Manche wehren auch Lob einfach aus der Angst vor gefühlsmäßiger Nähe zu anderen Personen und der Angst, anderen Personen verpflichtet zu sein, ab. All diese gelernten Fehleinstellungen können zu Selbstunsicherheit, zu Depressionen und all den im ersten Teil diskutierten Folgen führen. Sie sind daher für Ihre Therapieziele hinderlich und müssen überwunden werden.

Wie kann diese Abwertung von Lob nun verlernt werden?

Soweit eine solche Einstellung in einem ablehnenden Verhalten Lob gegenüber zum Ausdruck kommt und damit von anderen beobachtbar wird, sollte sie mit dem Prinzip der gezielten Nichtbeachtung abgeschwächt werden.

Alle Einschränkungen von Lob, alle negativen Selbstbewertungen und alle Lobabwehr sollten also geflissentlich überhört und übersehen werden.

Viele beziehen ihre Lobabwehr auch auf die tatsächliche **Form des Gelobtwerdens in der Gruppe:** Sie empfinden diese plötzliche, ungewohnte Zuwendung als gekünstelt und unberechtigt. Bedenken Sie aber, dass sowohl das Bekräftigen von Verhalten, das Loben als auch das Gelobtwerden, Lob zu empfangen, soziale Verhaltensweisen sind, die für die meisten Mitglieder Ihrer Lerngruppe erst *geübt werden müssen* und am Anfang sicherlich noch nicht perfekt beherrscht werden. Das Gekünstelte ist also oft nur ein noch ungeschicktes Umgehen mit dieser für jeden zentralen Lernhilfe.

Das Gleiche gilt für das Gefühl, das Lob sei unberechtigt: Im Abschnitt »unterscheidende Hervorhebung« wurde schon darauf hingewiesen, dass mit der Zeit vorwiegend ganzbestimmte Verhaltensweisen mit besonders guten Ansätzen bekräftigt werden.

Wichtig ist aber, dass Sie sich stets vor Augen halten, dass **Lernen hier in kleinen Schritten** geschieht und dass **bereits geringfügige Veränderungen** von selbstunsicherem zu selbstsicherem Verhalten **als Lernfortschritt** eine berechtigte **Bekräftigung verdienen**.

Lob annehmen kann dadurch **erleichtert werden, dass ich mich** sehr nett bei dem anderen für dieses Verhalten **bedanke**. Dies kann etwa durch **unterscheidende Hervorhebung** geschehen: »Ich fand es sehr nett, dass du mir … das gesagt hast.« Dies wird im dritten Teil des ATP systematisch geübt. Schon jetzt können Sie aber im Umgang mit anderen ein solches Verhalten erproben, indem Sie den anderen diskriminativ, durch Hervorhebung bekräftigen.

Durch die Hervorhebung der Tatsache, dass Sie sich über sein Kompliment oder sein Lob gefreut haben, wird sein Loben positiv bekräftigt, er wird Sie häufiger in dieser Weise ansprechen als bisher. Das bedeutet, dass Sie durch dieses Verfahren gleichzeitig dem anderen helfen, das Loben zu lernen. Dieser Prozess kann jetzt weitergehen: Ihr geschulter Übungspartner könnte Ihnen jetzt etwa erwidern: »Ich finde es gut, dass Sie dies sagen« oder: »Ich bin richtig froh darüber, dass Sie das so empfinden« – und schon hätte er Ihre **Lob-akzeptierende Äußerung wieder positiv bekräftigt**.

Häufiger und in seinen Folgen noch fataler als die offene Ablehnung von Lob ist die **innerliche Selbstabwertung** in Gedanken. Wir nehmen äußerlich das Lob zwar hin, denken uns aber innerlich: »Das stimmt ja doch nicht, sicher habe ich mich wieder blamiert, man bemitleidet mich ja nur, ich werde das nie lernen …« Sie wissen bereits, dass diese Form von **Selbstbestrafung** teils übernommene frühere Fremdbestrafung, teils gelernte Resignation und Hilflosigkeit, teils nur Vermeidung im Sinne von sich selbst erfüllender Prophezeiung (siehe Teil 1) darstellt. Die Selbstbestrafung ist eine so hartnäckige Ursache von Selbstunsicherheit, Depression und von Verhaltensdefiziten, dass zu ihrer Überwindung noch zusätzliche Aktivitäten des Einzelnen notwendig werden.

1.4 Gesamtbewertung für den Übungsabschnitt »Straße«

Zählen Sie jetzt alle Punkte, die Sie bei den Übungen des Abschnitts 1 erreichen konnten, zusammen. Tragen Sie die Summe aller Punkte hier ein:

Punkte: . . . .

Wenn Sie sich:

20–24 Punkte geben konnten, zeigt das Ihre Bereitschaft zur Mitarbeit an der Therapie an. Sie haben sich bemüht, Ihr Vermeidungsverhalten zu überwinden. Es ist Ihnen damit gelungen, ein grundlegendes Hindernis zur Verwirklichung Ihrer Lernziele abzuschwächen.

25–29 Punkte geben konnten, zeigt das, dass Sie in diesem Lernabschnitt schon einige der Lernschritte verwirklichen konnten. Sie haben die angebotenen Möglichkeiten gut genutzt.

30–34 Punkte geben konnten, haben Sie die angebotenen Möglichkeiten voll ausgeschöpft und aktiv eigene Beiträge zum Erreichen der Lernziele geleistet.

2. Zweiter Übungsabschnitt: »Verkehrsmittel«

2.1 Verhaltensprobe

In diesen Situationen ist der Kontakt mit anderen Menschen schon etwas länger andauernd als der mit Straßenpassanten.
Ich muss mich mit Reaktionen der anderen auseinandersetzen. Ich übe bewusst, öffentliche Beachtung etwas länger zu ertragen.

19

Sie rufen in einem vollen öffentlichen Verkehrsmittel (Bus, Straßenbahn usw.) **aus einem Abstand von fünf Metern** Ihrem Übungspartner **laut** zu: »Frau/Herr …, wir müssen jetzt aussteigen.« Ihr Partner ruft zurück: »Ja, ist in Ordnung.« Einzelne Fahrgäste sehen flüchtig auf.

▶ ZIEL:

Mit einem solchen Verhalten können Sie lernen, dass die öffentliche Beachtung keine negativen Folgen für Sie hat.

▶ BEACHTEN SIE:

Hier ist es wichtig, sehr laut zu rufen, um sich verständlich zu machen.
Achten Sie darauf, dass Sie sich auch mit dem Körper Ihrem Partner zuwenden. Die Umstehenden sind unwichtig.

20

Sie rufen aus einem Abstand von zwei Metern in einem vollen Verkehrsmittel dem Schaffner oder dem Fahrer etwa zu: »Bitte, ist die nächste Haltestelle Kurfürstenplatz?« Der Schaffner (Fahrer) hat Sie zunächst nicht gehört. **Sie wiederholen Ihre Frage**, ohne näherzukommen. Jetzt bekommen Sie Auskunft. Einzelne Fahrgäste sehen Sie flüchtig an.

▶ ZIEL:

Auch hierbei können Sie lernen, sich der öffentlichen Beachtung auszusetzen. Sie erfahren, dass dies keine negativen Folgen hat.

21

Sie haben für eine zehnstündige Zugfahrt eine Platzkarte. Beim Betreten des Abteils grüßen Sie freundlich und suchen Ihren reservierten Platz.
Dieser ist durch eine gleichaltrige Person besetzt. Sie sprechen sie an und sagen: »**Sie sitzen auf meinem Platz**. Würden Sie bitte aufstehen?«, und zeigen dabei Ihre Platzkarte. Die Person ist freundlich und steht auf.

▶ ZIEL:

Achten Sie darauf, dass Sie sich auf keinen Fall entschuldigen. Es ist schließlich Ihr gutes Recht, den reservierten Platz auch zu benutzen.

22

Die Situation gestaltet sich wie in 21.

Diesmal jedoch **will die Person nicht aufstehen** und ist sehr unfreundlich. Sie sagt etwa: »Es sind doch wahrhaftig noch genug Plätze im Zug. Seien Sie doch nicht so stur und schauen Sie sich woanders um.«
Sie bleiben sachlich und sagen sehr bestimmt: »Das ist mein Platz. Bitte stehen Sie auf.«
Die Person weigert sich beharrlich, den Platz zu räumen. **Sie unterbrechen sie** und sagen laut und bestimmt: »Ich habe keine Lust, mit Ihnen zu diskutieren. Ich habe mir diesen Platz reserviert, bitte stehen Sie sofort auf.«
Die Person verlässt mürrisch das Abteil.

▶ ZIEL:

Sie lassen sich auf keine Diskussion ein. Sie unterbrechen den anderen und wiederholen Ihre Forderung sehr bestimmt.

▶ BEACHTEN SIE:

Sie stehen direkt vor dem anderen, legen Ihr Gepäck ab, ziehen Ihren Mantel aus, kurz: Sie lassen keinen Zweifel daran, dass Sie Ihren Platz auf jeden Fall einnehmen werden.

23

Die Situation gestaltet sich wie in 22.

Diesmal sind Sie aber an einen noch rücksichtsloseren Zeitgenossen geraten. Er sagt etwa: »Da kann ja jeder kommen. Dieses Platzkartensystem sollte man überhaupt abschaffen. Wer zuerst kommt, mahlt zuerst.«

Sie lassen sich durch den aggressiven Ton nicht beeinflussen und vertreten Ihre Absicht so bestimmt wie in der vorhergehenden Übung.

Die Mitreisenden unterstützen Sie durch Bemerkungen wie: »Das ist ja unerhört. So eine Frechheit.«

Darauf gehen Sie jedoch nicht ein, sondern suchen weiter nach einer sachlichen Lösung. Sie sagen etwa: »Wenn Sie jetzt nicht sofort aufstehen, muss ich den Zugführer einschalten.« Auch hierauf geht die Person nicht ein.

Sie holen den Zugführer und erhalten Ihren Platz.

▶ ZIEL:

Sie bestehen sachlich und bestimmt auf Ihrem Recht, können aber das Verhalten des anderen nicht beeinflussen. Die Platzreservierung ist Ihnen von der Bahnverwaltung garantiert worden, die damit verantwortlich für die Einhaltung der Bedingungen ist.

Sie sollten notfalls von solchen Stellen Hilfe fordern können. Versuchen Sie aber immer zuerst, die Situation alleine zu lösen.

▶ BEACHTEN SIE:

Lassen Sie sich nicht zu einem Streit herausfordern.

Ihr Grüßen beim Betreten des Abteils hat Ihnen Verbündete gebracht. Benutzen Sie deren Hilfe hier jedoch nicht: Sie wollen eine sachliche Lösung.

24

Sie befinden sich im Gespräch. Eine dritte Person kommt hinzu und unterbricht Sie. Sie sagen etwa: **»Ich möchte erst mein Gespräch abschließen.** Ich komme auf Sie zu, wenn ich fertig bin.« Die Person wartet dann geduldig, bis Ihr Gespräch beendet ist.

▶ ZIEL:

Es ist unmöglich, es allen gleichzeitig recht zu machen. Das Anliegen des Dritten muss in diesem Augenblick zurückstehen.

▶ BEACHTEN SIE:

Sehen Sie bei der Ablehnung den anderen kurz freundlich an.

Bei Gesprächsende wenden Sie sich dem Wartenden freundlich zu.

Sie führen ein kurzes Gespräch mit einem Fremden im Zug, Bus ...
Als Übungspartner können Sie sich eine für Sie »leichte« Person auswählen (etwa eine ältere, gleichgeschlechtliche Person).
Sie grüßen freundlich und erkundigen sich nach dem Weg zu einem bekannten Gebäude, Museum, Schwimmbad, Fußballstadion, Ausflugsort. Wenn Sie die gewünschte Auskunft erhalten, versuchen Sie durch Nachfragen nähere Angaben über Ihren Zielort zu erhalten. Sie fragen zum Beispiel: »Ach, wissen Sie zufällig, ob der Eintritt teuer ist (ob das Lokal teuer ist, ob sich ein Besuch lohnt), oder könnten Sie mir etwas anderes empfehlen?«

▶ ZIEL:

Sie haben bereits geübt, Leute Ihrer Umgebung gezielt zu betrachten und sich Gedanken über ihre möglichen Interessen zu machen. Sie lernen zu erkennen, welche Personen Ihnen am ehesten bestimmte Informationen geben können.

▶ BEACHTEN SIE:

Sie stellen gezielte Sachfragen und wollen sich die Kenntnisse des anderen zunutze machen. Dazu gehört auch, den anderen über seine Eindrücke und Erfahrungen reden zu lassen und interessiert zuhören zu können.
(Bei der Verhaltensprobe wird vorausgesetzt, dass die betreffende Person die Örtlichkeit kennt.)

- Sie bemühen sich um eine lockere, gelöste Haltung und einen freundlichen Gesichtsausdruck.
- Sie schauen den anderen öfters an und unterstützen seine Bemerkungen mit Kopfnicken, mit »Tatsächlich?«, »Ja, ich verstehe« usw.

2.2 Hausaufgaben zum zweiten Übungsabschnitt »Verkehrsmittel«

Sie üben die in der Verhaltensprobe gespielten Situationen zunächst mit der Gruppe, später alleine. Geeignete Übungssituationen können Sie sich schaffen, indem Sie Ihr Auto einmal eine Weile zu Hause lassen und mit öffentlichen Verkehrsmitteln (Bus, Straßenbahn, Zug) zur Arbeit fahren oder am Wochenende Besichtigungs- oder Einkaufsfahrten in die nächste Stadt unternehmen.

Bei der Benutzung öffentlicher Verkehrsmittel können Sie eine ganze Reihe von Übungen aus dem Abschnitt »Straße« in abgewandelter Form wiederholen. So fragen Sie etwa nach dem Namen der nächsten Station, einem bekannten Platz, Umsteigemöglichkeiten usw. Bedenken Sie, dass Sie nur durch das häufige, aktive Anwenden der gelernten Verhaltensweisen Ihren Zielen näher kommen.

Sie rufen in einem vollbesetzten öffentlichen Verkehrsmittel (Bus, Straßenbahn u. ä.) auf fünf Meter Abstand Ihrem Übungspartner laut zu: »Herr/Frau ... , wir müssen jetzt aussteigen!«

26 (19)

Sie rufen in einem vollbesetzten öffentlichen Verkehrsmittel (Bus, Straßenbahn u. ä.) auf fünf Meter Abstand Ihrem Übungspartner laut zu: »Herr/Frau ... , wir müssen jetzt aussteigen!«

▶ RICHTLINIEN FÜR IHRE BEWERTUNG:

Punkte	Kriterien	Erreichte Werte
2	Ich habe die Übung mindestens zweimal durchgeführt.	. . . .
1	Ich habe so laut gerufen, dass mein Übungspartner mich gleich verstanden hat.	. . . .
1	Beim Zurufen habe ich meinen Satz voll ausformuliert.	. . . .
1	Ich habe mich um das Verhalten der anderen Fahrgäste dabei nicht gekümmert.	. . . .
5		. . . .

Die Übung gilt als erfüllt, wenn Sie mindestens drei Punkte erzielt haben.

Sie rufen auf zwei Meter Abstand in einem vollen Verkehrsmittel dem Schaffner oder dem Fahrer zu: »Bitte, ist die nächste Haltestelle …?«

▶ RICHTLINIEN FÜR IHRE BEWERTUNG:

Punkte	Kriterien	Erreichte Werte
3	Ich habe die Übung durchgeführt.	. . . .
1	Ich habe laut genug gefragt und die gewünschte Antwort erhalten.	. . . .
1	Ich habe nochmals nachgefragt.	. . . .
	Oder:	
1	Ich habe die Übung wiederholt.	. . . .
5		. . . .

Die Übung gilt als erfüllt, wenn Sie mindestens drei Punkte erzielt haben.

28 (25)

Sie führen ein kurzes Gespräch mit einem Fremden im Zug, Bus usw.

▶ RICHTLINIEN FÜR IHRE BEWERTUNG:

Punkte	Kriterien	Erreichte Werte
1 – 3	Ich habe versucht, ein Gespräch anzufangen (für jeden Versuch bis maximal drei je einen Punkt).	. . . .
2	Ich habe den anderen direkt nach seiner Meinung gefragt.	. . . .
2	Ich habe mit freundlicher Aufmerksamkeit zugehört und mein Interesse durch fördernde Zwischenbemerkungen bekundet.	. . . .
5–7		. . . .

Die Übung gilt als erfüllt, wenn Sie mindestens drei Punkte erzielt haben.

29

Sie üben allein oder mit Bekannten, die ein Auto haben (eventuell Gruppenmitglieder), **bei einer Autopanne um Hilfe zu fragen.**
Ihr Wagen steht in einer engen Parklücke, in einer Parkzone auf der Straße, etwa vor einem Theater, Hotel oder an einer Landstraße.
Sie halten andere Autofahrer an, sprechen Passanten oder einen Polizisten an und sagen etwa: »Mein Wagen springt nicht mehr an. Würden Sie so nett sein, mir zu helfen, das Auto anzuschieben (an den Straßenrand zu schieben, um die Ecke zu schieben, aus der Parklücke zu schieben, mir etwas Benzin zu verkaufen).
Sie bleiben dabei ganz ruhig und lassen sich durch eventuelles Hupen oder durch Schimpfereien anderer Autofahrer nicht irritieren.

▶ ZIEL:

Sie lernen, auch in kritischen Situationen ruhig und zweckmäßig zu handeln und nicht aus Angst vor der Reaktion anderer den Kopf zu verlieren. Sie lernen auch, da, wo es erforderlich ist, Fremde um Hilfe zu fragen.

▶ BEACHTEN SIE:

Jeder kann in diese Situation kommen. Vielfach wird dann aus Angst vor dem negativen Urteil der anderen in Panik falsch gehandelt. Vergessen Sie nicht, dass Sie unter »realen Verhältnissen« üben, berücksichtigen Sie daher gegebenenfalls auch entsprechende Verkehrsregeln (Warnblinkanlage, Warndreieck …).

▶ RICHTLINIEN FÜR IHRE BEWERTUNG:

Punkte	Kriterien	Erreichte Werte
1	Ich habe die Übung durchgeführt.	. . . .
1	Ich habe meine Bitte mit ruhiger Stimme und ausformulierten Sätzen vorgebracht.	. . . .
1	Ich war sehr freundlich und habe den (die) andere(n) angeschaut.	. . . .
1	Ich habe mich freundlich für die Hilfe bedankt.	. . . .
1	Ich habe mich trotz der »Verkehrsbehinderung« nicht irritieren lassen.	. . . .
5		. . . .

Die Übung gilt als erfüllt, wenn Sie mindestens drei Punkte erzielt haben.

Sie reden zwei Stunden lang laut mit einem Gruppenmitglied in der Öffentlichkeit.
Diese sogenannte »Schwerhörigenübung« wird so arrangiert, dass jeweils ein Teilnehmer für die Dauer einer Stunde als »schwerhöriger« Besucher eine Stadtführung bekommt, wobei die übende Person immer wieder bewusst die Lautstärke über ihre Hemmschwelle hebt. Um Heiserkeiten vorzubeugen, sollten die Rollen nach einer Stunde gewechselt werden. Die Übung soll so lange wiederholt werden (eventuell mit allen Gruppenmitgliedern nacheinander), bis Sie deutlich Gewöhnung an das laute Sprechen in der Öffentlichkeit eingeübt haben.

▶ ZIEL:

Ziel der Übung ist die Gewöhnung an »öffentliche Beachtung« und die Durchbrechung von Vermeidungsplänen der Art »Fall bloß nie auf«. Gedankenstopp vor der Übung und Angstzulassungstechniken während der Übung sind wesentlicher Bestandteil.

▶ BEACHTEN SIE:

Provozieren Sie auf keinen Fall. Es ist sozial angemessen, einem schwerhörigen Besucher die Stadt zu zeigen, beim Einkaufen und einem Cafébesuch Informationen zu geben, jedoch nicht ewig im Restaurant oder gar bei Veranstaltungen überlaut zu reden.

▶ RICHTLINIEN FÜR IHRE BEWERTUNG:

Punkte	Kriterien	Erreichte Werte
3	Ich habe die Übung lange durchgehalten oder wiederholt, bis die innere Erregung trotz weiterem lauten Reden nachgelassen hat.	. . . .
2	Ich habe nach der »Inszenierung« möglicher Beachtung durch das laute Reden bewusst und gezielt die Technik des »Angstzulassens« praktiziert.	. . . .
5		. . . .

Die Übung gilt als erfüllt, wenn Sie mindestens drei Punkte erzielt haben.

Sie üben körperliche Nähe von Fremden zu ertragen.

In der Hauptverkehrszeit benutzen Sie möglichst oft dichtbefahrene Strecken und schließen im Bus oder der Bahn dicht auf, statt sich in einem Winkel aufzuhalten. Eventuellen Körperkontakten im Gedränge entziehen Sie sich nicht, sondern Sie nehmen diese bewusst wahr. Wenn Plätze frei sind, setzen Sie sich neben andere Fahrgäste, statt aus Berührungsscheu an der Tür stehen zu bleiben. Kurz vor Geschäftsschluss bei Behörden oder Kaufhäusern benutzen Sie häufig den Lift und bleiben nach Möglichkeit in der Mitte stehen.

▶ RICHTLINIEN FÜR IHRE BEWERTUNG:

Punkte	Kriterien	Erreichte Werte
3	Ich habe im Gedränge eines Verkehrsmittels, bei der Platzsuche und im vollen Lift mindestens einmal die körperliche Nähe von anderen bewusst wahrgenommen.	. . . .
2	Ich habe so lange geübt, bis ich gemerkt habe, dass mir die körperliche Nähe von Fremden im Allgemeinen nichts mehr ausgemacht hat.	. . . .
5		. . . .

Die Übung gilt als erfüllt, wenn Sie mindestens drei Punkte erzielt haben.

2.3   Zur Anwendung der Steuerungsprinzipien

2.3.1   Die unterscheidende, diskriminative Verhaltensformung

Sie haben in den ersten Übungen schon gesehen, dass bestimmte Verhaltensweisen nicht beachtet und andere Verhaltensweisen positiv beachtet werden. Sie erkennen jetzt mehr und mehr, worauf es wirklich ankommt: Ihre Listen mit dem Ver- und Erlernen von Verhaltensweisen werden konkreter und von Woche zu Woche spezieller.

Ihre Schwierigkeiten verändern sich mit Ihrem Lernfortschritt. Wenn Sie erstmals auf eingefahrene, aber problematische Verhaltensweisen verzichten und neue Strategien ausprobieren, so stellen sich als Folge ganz neue Gesichtspunkte und Lernziele ein. Wer etwa noch niemals wegen seiner Scheu vor Kontakt mit einem Partner intim zusammen war, wird die Aspekte von zärtlichem und sexuellem Verhalten erst nach seiner Kontaktfähigkeit kennen lernen. Die eventuelle Notwendigkeit, auch solches Verhalten zu üben, ergibt sich erst aus dem Bewältigen des Kontaktproblems.

Diese zeitliche Folge von Problemlösungen im ATP erfolgt ja systematisch und in kleinen Schritten: Wenn ich verlernt habe, andere nicht anzuschauen, und erlernt habe, Blickkontakt zu suchen: erst dann wird das Verhalten »jemanden freundlich anlächeln« sinnvoll. Mein neues Lernziel für die nächste Woche könnte dann lauten: verlernen, ein so stures Gesicht zu machen, erlernen, offen und gelöst zu lächeln.

Sie sehen, dass zum Lernen einer bestimmten Verhaltensweise auch immer das Verlernen der gegenteiligen Handlung gehört. Wenn Sie sich bei jedem Ziel, bei jeder erlernenden Verhaltensweise auf den Listen, bei jeder zu beachtenden Handlung in der Verhaltensprobe immer auch überlegen, was diesem Ziel entgegensteht, lernen Sie automatisch zu unterscheiden, welches Verhalten in Annäherung zum Ziel steht und daher gezielt beachtet werden sollte, und welches Gegensatzverhalten diesem Ziel im Wege steht und daher nicht beachtet werden sollte. Dieser Prozess geht nur allmählich in kleinen Schritten: Das bisher bekräftigte, alte Problemverhalten schwächt sich durch Nichtbeachtung (Löschen) langsam ab, während das neue Verhalten sich schrittweise durch Bekräftigung aufbaut.

Es wird von Woche zu Woche zum Ziel hin **geformt**.

Durch die Beachtung des neuen Verhaltens ist auch gewährleistet, dass kein Entzug von Bekräftigen mit einer negativen Verstärkerbilanz auftritt. Es findet nur eine **Umverteilung** der Bekräftigung von zu verlernendem auf zu erlernendes Verhalten statt.

Wichtig ist nun, dass die **Bekräftigung mit der Zeit immer nur noch für den nächsten Schritt** gegeben und vom bereits gelernten Verhalten langsam wieder weggenommen wird.

Wenn ich schon mühelos Blickkontakt herbeiführen und erhalten kann und mich noch mit dem nächsten Ziel, freundlich lächeln zu können, ablage, wird es mir mehr helfen, die Beachtung für meine Fortschritte beim Lächeln anstatt für Blickkontakt zu erhalten. **Die Umgruppierung der Bekräftigung von einem schon erlernten Teilschritt auf einen neuen heißt unterscheidende Verstärkung.**

Beachten Sie dabei bitte, dass nun nicht sofort alle Bekräftigung von dem bereits beherrschten Verhalten weggenommen wird. Dies würde zum Verlernen durch Löschen führen. Sie verlagern nur den Schwerpunkt Ihrer Beachtung auf das neue Zielverhalten. Sie fädeln Ihr hervorhebendes Lob **langsam** aus.

Schließlich verdient das mit Schwierigkeiten und Anstrengung verbundene Erproben mehr Anerkennung als das schon mühelos Beherrschte.

2.3.2 Die aktive Unterbrechung von Selbstbestrafung: Der Gedankenstopp

Sie haben bereits gesehen, dass soziale Ängste immer wieder neu belebt werden – durch Vorstellung entsprechender Situationen und Vorwegnahme der gefürchteten negativen Konsequenzen in der Phantasie. Wenn ich »nur« in Gedanken ständig glaube, dass mein Chef mit meiner Arbeit nicht zufrieden sein wird und mich deswegen ablehnen wird, habe ich das gleiche negative Erlebnis, als wenn er mich tatsächlich deswegen kritisiert. Ich bestrafe mich selbst durch meine negativen Phantastereien. Das Gleiche gilt für alle meine Gedanken und Feststellungen über mein Nichtkönnen, mein hässliches Aussehen, meine Faulheit, meine Ungeschicklichkeit, meine Dummheit. **Die negativen Gefühle, die solchen Vorstellungen folgen, sind ähnlich denen, die bei einer massiven Kritik von außen erlebt werden.**

Oftmals sind die Selbstabwertungen in der Phantasie so extrem, dass sie nicht einmal durch die bösartigsten Kritiken übertroffen werden können. Die gefürchteten Kritiker existieren oftmals nur in Gedanken. Die negative Selbstbewertung bleibt durch »sich selbst erfüllende Prophezeiungen« erhalten: »Ich versage da, wo ich mir nichts zutraue.« Diese inneren Strafreize müssen beseitigt werden. Hierzu ist es zweckmäßig, den auslösenden Reiz (die negative Bewertung) von dem daran gekoppelten unangenehmen Gefühl zu trennen. Die Erinnerung oder Erwartung, die Feststellung oder Bewertung, auf die regelmäßig ein unangenehmes Gefühl folgt, ist ein gelernter Strafreiz, den Abertausende von Wiederholungen fest mit der nachfolgenden Gefühlsreaktion verknüpft haben. Diese Koppelung ist zu unterbrechen. Die Technik, die dazu verwendet wird, heißt daher auch: Gedankenstopp. Bei Erwartungsangst muss die Verbindung zwischen dem Gedanken und der Angstreaktion unterbrochen werden. Wissenschaftliche Untersuchungen haben gezeigt, dass man mit diesem Verfahren, wenn es sehr konsequent und systematisch durchgeführt wird, sogar hartnäckige, zwanghafte Grübeleien mit anschließender negativer Konsequenz (Angst, Spannung, Selbstabwertung, Depression) verringern kann.

In der Praxis wird man so vorgehen: Durch Selbstbeobachtung ermittle ich den ersten gedanklichen Hinweis, der über andere nachfolgende Gedanken schließlich das unangenehme Gefühl oder die unzweckmäßige Handlung bedingt. Sobald dieser Reiz auftaucht, setze ich einen Unterbrecher: Wenn ich allein bin, könnte ich etwa laut »HALT!« rufen, damit ich erkenne, dass ich mich wieder bei diesem störenden Verhalten ertappt habe, und dann den Satz anfügen: »Gedanken sind ganz gleichgültig.« Dann gebe ich mich wieder der gewohnten Tätigkeit hin. Wenn sich dann nach Sekunden, Minuten oder Stunden die alten Gedanken oder Bewertungen erneut aufdrängen, werde ich sie sofort wieder mit dem gleichen Satz »HALT, Gedanken sind gleichgültig« unterbrechen. Das scheint auf jeden Fall besser zu sein, als wenn ich versuche, mir negative Gedanken auszureden, oder wenn ich mich ausschließlich durch Tätigkeiten ablenke. Dieses Verfahren ist sehr wirkungsvoll, obwohl es noch nicht ganz erforscht ist. Dennoch scheint es sehr wichtig zu sein, dass ich meine Überlegungen, meine Gedankenketten, ja selbst den angefangenen Satz in Gedanken gar nicht erst vollende. Das Zuendedenken könnte bekräftigend wirken und diese Gedanken immer wieder entstehen lassen.

Das häufigste Anwendungsgebiet im sozialen Verhalten sind wohl die Erwartungsangst, die Vorwegnahme von Misserfolgen in der Phantasie und die Selbstabwertung. Bei der Erwartungsangst ist es wichtig, schon das Denken an die Situation, etwa: »Was wird sein, wenn ich morgen Mittag zu meinem Chef muss«, mit der Formel »HALT, Gedanken sind ganz gleichgültig« zu unterbrechen.

Gegen **selbstabwertende Feststellungen** kann es zweckmäßiger sein, nach dem Signal »HALT« eine positive Gegenvorstellung zu entwickeln.
Wenn etwa nach einem Lob der abwertende Gedanke gerade mit »ja, aber …« beginnt, würde ich laut »HALT« rufen und den ursprünglichen Gedanken (etwa: »das stimmt doch gar nicht, das ist doch nur Ausdruck von Mitleid, das verdiene ich gar nicht«) ersetzen durch: »ja aber, HALT, ich versuche mein Selbstwertkonzept zu ändern«. Bei dem häufigen Selbstvorwurf in Gedanken: »Verdammt, das habe ich wieder einmal falsch gemacht, ich habe mich blamiert« – könnte die positive Gegenvorstellung heißen: »Verdammt/HALT/ich übe ja neues Verhalten.« Besprechen Sie die geeigneten Gegenvorstellungen mit Ihrem Therapeuten.

Gelegentlich wird gegen das Verfahren des Gedankenstopps eingewendet, dass hier wertvolle innere Inhalte verdrängt würden.
Wenn Sie sich an die Bedingungsanalyse im ersten Band erinnern, werden Sie diesen Einwand beurteilen können: Die ohne Ihre eigene Wahl vermittelten Ansprüche und Werte, die im Laufe Ihrer Lerngeschichte als immer belastender empfundenen, harmlosen Situationen, eventuell entstanden durch zu massive Herabsetzung und Kritik – dies alles sind keine förderlichen und Ihr Selbstkonzept aufbauenden Einflüsse. So etwas verdient wirklich nicht, von Ihnen qualvoll aufrechterhalten zu werden, zumal Sie hiermit keinen Schritt weiterkommen. Das Erkennen der Ursachen allein, ohne dass daraus eine bedingungsanalytisch begründete Änderungsstrategie abgeleitet wird, dürfte sowieso nur über Umbenennungsprozesse wirksam werden. Im Gedankenstopp mit Gegenvorstellung wenden Sie außer einem gezielten, bedingungsanalytisch abgeleiteten Vorgehen zur Abschwächung von inneren Strafreizen zusätzlich Strategien an, die gedankliche Inhalte und Bewertungen ändern. Sie tun dies dann aktiv und selbstständig.

2.3.3 Wie ich das Punktebewertungssystem zur Selbstverstärkung meines Verhaltens nutzen kann

Die erreichten Punkte bei den Hausaufgaben haben Ihnen bereits als **Kontrollmöglichkeit** dafür gedient, ob Sie die **Übungsziele der Hausaufgaben** erreicht haben. Der Spielraum des Punktsystems ist vom einfachen Erreichen der Zielkriterien bis zur besonderen Berücksichtigung bestimmter Anwendungsmöglichkeiten von Verhalten, von geschickten Lösungen, von häufigen Wiederholungen und dergleichen nach oben hin zu erweitern. Die Punkte bedeuten damit auch eine **Rückmeldung über Ihren Übungserfolg**.
Die Punkte können aber auch zum **Aufbau von Selbstverstärkung** eingesetzt werden.
Wenn Sie anfangs noch Schwierigkeiten mit dem »Loben« haben, wäre es sinnvoll, die Punkte in andere Bekräftiger umzutauschen. So könnten Sie sich vornehmen, jeweils beim Erreichen einer bestimmten Punktzahl, etwa nach zwei oder drei Übungstagen, einmal gut essen zu gehen, ein Kino oder Theater zu besuchen, sich eine Sportveranstaltung anzusehen. Wichtig ist nur, dass Sie diese angenehme Tätigkeit erst dann wieder ausführen, wenn Sie Ihr gesetztes Ziel, etwa 20 oder 30 Punkte, erfüllt haben. Eine andere Möglichkeit wäre, auf einer Wandtafel aus Pappe Ihren täglichen oder wöchentlichen Übungsablauf durch das Stecken von Wimpeln oder Papierblumen zu verfolgen, wobei Sie sich dann unmittelbar am Anblick Ihres Erfolges freuen könnten. Wichtig hierbei wäre, dass Sie das Blümchen oder den Wimpel an dem betreffenden Tag nur anstecken dürften, wenn Sie Ihr gesetztes Ziel erreicht haben. Solche Umsetzung von Punkten in sichtbare oder materielle Belohner sollten Sie mit Ihrem Therapeuten noch genauer besprechen.

2.3.4 Das »Angstzulassen« oder die »Antipanikstrategie«

Das 4-Punkte-Programm des **Angstzulassens oder der Antipanikstrategie** besteht aus:

- **einer genauen und vollständigen Beschreibung der Körperwahrnehmung.**
  Von Kopf bis Fuß soll hierbei die Körperreaktion benannt und mit Worten beschrieben werden, die zumindest ein »eher« als Intensitätsmaß enthalten. Der Ausdruck »normal« oder »ich fühle nichts« wird nicht akzeptiert. So kann der Kopf eher dumpf oder klar, das Gesicht eher verspannt oder locker, eher warm oder kühl erscheinen, der Hals eher weit oder eng, die Kehle eher trocken oder feucht, die Hände entsprechend und eher zittrig oder ruhig, der Brustraum weit, das Herz schnell, regelmäßig, stark schlagend, die Atmung tief oder flach, der Bauch locker oder verkrampft, die Knie eher fest oder weich sein.

  Die Genauigkeit der Beschreibung ist wichtig, um den häufigen Erwartungskurzschluss »Jetzt geht es mir schlecht und gleich bleibt die Luft weg, fange ich zu schwitzen an, das Herz stolpert« zu durchbrechen und die Reaktion auf der Wahrnehmungsebene überprüfbar zu machen.
  Die Vollständigkeit dient ebenfalls der Korrektur verkürzter und verzerrter Gefühlsdeutungen. Oftmals hilft uns die genaue und vollständige Beschreibung unserer Körperempfindungen schon, zwischen verschiedenen Erregungszuständen zu unterscheiden, etwa einen »Teilalarm« statt der als üblich einfach angenommenen totalen

Panik zu registrieren und zu lernen, dass Erregung durchaus nicht immer unangenehm sein muss.

Dann wird mit der Frage »**was ist das Schlimmste von den Reaktionen**« eine Symptomatik ausgewählt, mit der quasi stellvertretend für die Gesamtreaktion die folgende Überprüfung der Vermeidungsnotwendigkeit eingeleitet wird.

- Die zweite Phase befasst sich mit dem **Zuendedenken der gefürchteten sozialen und der körperlichen Konsequenzen,** die im Augenblick und hinsichtlich der Möglichkeit des langen Ausharrens erwartet werden. Mit der Frage, was könnte passieren, wenn ich einfach gar nichts gegen diese unangenehme Empfindung oder Erwartung tue?, zwinge ich mich, alle bislang nie gedachten (weil das Undenkbare nie passieren durfte) Konsequenzen zu Ende zu denken, und komme dabei oft zum überraschenden Resultat, dass die letzte denkbare Katastrophe für mich völlig unrealistisch für die Situation erscheint.

- In der dritten Phase frage ich mich, was mir trotz der zugegebenermaßen recht unangenehmen Empfindung und trotz der schlimmen Befürchtungen helfen könnte, **die Abnahme der Erregung ohne jede Hilfe oder Ablenkung abwarten zu können.** Das »trotz« ist wichtig, weil es falsch wäre, die Angst herunterzuspielen oder sie zu relativieren. Es darf mir schlecht gehen und ich darf Schwächen zeigen. Erst mit dieser Entscheidung kann ein Zulassen stattfinden. Erst mit dem **Zulassen** werden die panikmachenden Versuche, die Situation um jeden Preis und trotz der blockierten Schutzstrategien verhindern zu wollen, aufhören. Wenn ich z.B. nicht mehr aus einem Flugzeug aussteigen möchte – was ich zuvor absolut wollte, obwohl ich die Unzweckmäßigkeit in 10 000 m Höhe sehe –, dann fühle ich mich nicht mehr hilflos und gerate nicht mehr in Panik. Wenn ich als sozial Ängstlicher nicht mehr versuche, meine Gefühle und Körperreaktionen zu verbergen, obwohl ich mit der Verbotsstrategie auch nach Jahrzehnten erfolglos geblieben bin, dann erst geht die Erregung schlagartig zurück, jedenfalls die unnötige panikartige Mobilisierung, die entsteht, weil etwas gewollt wird, wohin kein Weg führt. Dieses Nachlassen der Erregung tritt mit der Entscheidung des Zulassens oft schlagartig ein.
Ohne Zulassen gibt es keine Gewöhnung, also auch keinen Erfolg aller unmittelbaren Konfrontationsübungen. Mit dem Verzicht auf undurchführbare Schutzversuche unterbleibt die Panikreaktion.

- Die unmittelbar nach der Entscheidung des Zulassens einzuleitende vierte Phase besteht in der **Wiederholung der ersten.** Der Vergleich mit der Ausgangsbeschreibung verankert den Erfolg und dient der positiven Verstärkung des Zulassens und Aushaltens. Das Kriterium für die früheste Beendigung der Übung ist eine gegen Beginn verminderte Erregung. Komfortaktivitäten wie Entspannung dürfen dann eingesetzt werden. In der Angstzulassungsübung wäre ein Gedankenstopp falsch, weil er dem Ziel, sich voll und ganz der Situation und den eigenen Reaktionen zu stellen, zuwiderlaufen wurde. Vor den einzelnen Konfrontationen wäre er bei Spekulationen wieder angezeigt. Üben sie diese 4-Phasen-Technik bei allen Inszenierungen öffentlicher Beachtung immer dann, wenn tatsächlich einmal jemand schauen sollte oder in Ihnen ein Vermeidungswunsch stark einsetzt, obwohl Ihre Schutzstrategie in der konkreten Situation nicht durchführbar ist oder doch sehr unzweckmäßig erscheinen würde.

2.4 Gesamtbewertung für den Übungsabschnitt »Verkehrsmittel«

Zählen Sie jetzt alle Punkte, die Sie bei den Übungen des Abschnitts 2 erreichen konnten, zusammen. Tragen Sie die Summe aller Punkte hier ein:

Punkte: . . . .

Wenn Sie sich:

17–19 Punkte geben konnten, haben Sie Ihre Schwierigkeiten gut gemeistert und Ihr Vermeidungsverhalten erfolgreich überwunden.

20–23 Punkte geben konnten, haben Sie sehr gut mitgearbeitet und sind einen großen Schritt in der Bewältigung Ihrer Schwierigkeiten vorangekommen.

24–27 Punkte geben konnten, haben Sie sich eine ausgezeichnete Grundlage für die folgenden Übungen geschaffen und mitgeholfen, die Gruppe voranzubringen.

Sie können sich drei zusätzliche Punkte geben, wenn Sie in diesem Übungsabschnitt mindestens fünf Übungen aus dem Abschnitt »Straße« öfter wiederholt haben.

Gesamtpunktwert: . . . .

3. Dritter Übungsabschnitt: »Geschäfte«

3.1 Verhaltensprobe

In diesen Situationen geht es um die Wahrung handfester Interessen zweier Parteien. Sie wollen sich informieren und etwas Günstiges für sich erstehen. Der Geschäftsführer will über seine Verkäufer die Ware auf eine für ihn vorteilhafte Art absetzen.

32

Sie erkundigen sich in einem Geschäft nach einem Gegenstand, den Sie ganz genau beschreiben können.
Sie erhalten ausführliche und exakte Auskunft über den Artikel (Preis, Qualität, Handhabung).
Sie erkundigen sich etwa nach einem Feuerzeug. Dabei könnten Sie etwa sagen:
»Ich interessiere mich für ein Feuerzeug. Es soll in einer mittleren Preislage sein, möglichst einfach zu handhaben, am besten mit Gasfüllung, strapazierfähig. Es soll eine neutrale Form haben ...«
Sie bedanken sich für die Information und **gehen, ohne etwas zu kaufen.** Es ist nicht nötig, Äußerungen wie »Ich überlege es mir noch mal« oder »Ich werde später noch mal kommen« usw. zu gebrauchen.

▶ ZIEL:

Sie nehmen Ihr Recht auf Information wahr.

▶ BEACHTEN SIE:

- Sie gehen direkt auf den Verkäufer zu und bringen Ihren Wunsch vor.

- Sie warten nicht, bis der Verkäufer Sie fragt, sondern Sie beschreiben exakt den Gegenstand, an dem Sie interessiert sind, und sprechen selbst möglichst viel.

- Achten Sie auf legere Haltung, schauen Sie den Verkäufer direkt an, und sprechen Sie deutlich und bestimmt.

- Benutzen Sie möglichst oft das Wort »Ich«, etwa »Ich möchte ...«

33

Sie erkundigen sich in einem Geschäft nach einem Gegenstand, über den Sie nur ungenau informiert sind.

Wählen Sie diesen so aus, dass der Verkäufer sehr viele Einzelheiten erklären kann, ein elektrisches Gerät, ein Auto.

Es kann auch sein, dass Sie noch nicht genau wissen, was Sie möchten. So könnten Sie sich in einem Kosmetikgeschäft die verschiedensten Präparate erklären lassen, weil Sie »etwas für Ihre Haut tun möchten«, oder Sie lassen sich über Bücher oder Geschenke informieren.

Sie sagen etwa: »Ich suche ein Geschenk für eine ältere Dame.« Der Verkäufer kommt Ihren Bitten höflich nach.

Am Ende des Gesprächs bedanken Sie sich, ohne etwas zu kaufen. Sie sagen etwa: »Sie haben mir sehr geholfen. Ich danke Ihnen. Auf Wiedersehen.«

▶ ZIEL:

- Versuchen Sie, die Möglichkeiten, die Ihnen ein qualifizierter Sachberater bieten kann, für sich optimal zu nutzen.

- Vergessen Sie nicht, dass ein Verkäufer verkaufen will. Ein besseres Urteil über die Ware können Sie sich bilden, wenn Sie in mehreren Geschäften Erkundigungen eingezogen haben.

▶ BEACHTEN SIE:

- Sie brauchen sehr viele Auskünfte. Sie sagen etwa: »Ich möchte mich eingehend informieren, bevor ich kaufe«; stellen Sie Rückfragen: »Habe ich das richtig verstanden, dass ...?« oder: »Bitte, erklären Sie mir das noch mal, ich habe es nicht genau verstanden.«

- Stellen Sie gezielte Fragen nach Preisunterschieden, Qualitätsunterschieden, Zahlungsbedingungen, eventuellen Vergünstigungen, Zusatzkosten, Kundendienst.

- Lassen Sie sich die Waren nach Möglichkeit vorführen.

- Achten Sie darauf, dass Sie möglichst viel Zeit zugewendet bekommen.

- Sprechen Sie den Verkäufer als Fachmann an. Bekräftigen Sie seine informativen Äußerungen durch freundliches Interesse. Hören Sie ihm zu, sehen Sie ihn an, nicken Sie zustimmend, sagen Sie etwa: »Ja«, »hm«, »das ist sicher wichtig«, »das gefällt mir« ...

34

Sie sind in einem Geschäft. Der Verkäufer kommt auf Sie zu und bietet Ihnen seine Dienste an:

»Sie wünschen bitte?« oder »Kann ich Ihnen helfen?« **Sie möchten sich aber nur umschauen und drücken diesen Wunsch direkt aus.**

Sie sagen etwa: »Ich möchte mich mal umschauen.«

Falls der Verkäufer nicht von Ihnen ablassen sollte, sagen Sie: »Bitte, ich möchte mich erst in Ruhe etwas umschauen, ich komme dann auf Sie zu, wenn ich Sie brauche.«

Versuchen Sie hierbei, nicht unfreundlich zu werden. Der Verkäufer übt ja nur seinen Beruf aus. Es ist aber Ihr gutes Recht, sich in Ruhe seine Ware ansehen zu können.

▶ ZIEL:

Lernen Sie, Ihre Wünsche **direkt und unmissverständlich** zu äußern.

Sehr oft löst sich eine schwierige Situation alleine schon dadurch, dass Sie unmissverständliche Auskünfte über Ihre Wünsche geben.

▶ BEACHTEN SIE:

Schauen Sie den Verkäufer direkt an. Seien Sie bestimmt, aber freundlich.

Sie suchen ein »gutes« Schuhgeschäft auf (Geschäft mit gutem Kundendienst, Marken-
schuhe, exquisiter Laden).
Sie haben noch keine feste Vorstellung und lassen sich beraten. Sie sagen etwa: »Ich suche
ein Paar Sommerschuhe, Größe …« Die Verkäuferin fragt nach näheren Angaben, Sie
bleiben allgemein, sagen etwa: »Die Schuhe sollten sportlich-elegant, für alle Gelegenhei-
ten passend sein.«

Die Verkäuferin führt Ihnen jetzt verschiedene Modelle vor und versucht, Sie zum Kauf
zu überreden. Sie lassen sich auf keinen Fall dadurch beeinflussen und sagen etwa:
»Nein, ich finde nicht, dass diese Schuhe zu mir (oder zu meiner Kleidung) passen«, »Ich
finde dieses Modell nicht schön«, »Ich finde die Farbe schön, aber den Absatz zu hoch
(zu niedrig)« … **Schuhe, die Ihnen gefallen, probieren Sie an**.
Die Schuhe sind nicht sehr bequem. Sie verlangen den zweiten Schuh, machen mehrere
Gehproben, schauen sich im Spiegel an … Auch hier sagen Sie unmissverständlich, dass
Sie die Schuhe unbequem finden. Die Verkäuferin versucht, Sie zu überreden, und sagt
etwa: »Nach zweimaligem Tragen gibt sich das«, »Ich kann Ihnen gerne die Schuhe weiten lassen«.
**Sie lassen sich nicht beeinflussen und bitten darum, noch andere Modelle sehen zu
dürfen.** Nachdem Sie **fünfmal abgelehnt** haben, zeigt Ihnen die Verkäuferin ein Modell,
das Ihnen nicht nur gefällt, sondern auch bei der Anprobe sehr bequem ist. Sie sagen
etwa: »Diese Schuhe gefallen mir sehr gut. Was kosten die denn?« Der genannte Preis
entspricht nicht Ihrer Vorstellung. Die Verkäuferin versucht, Sie jetzt wiederum zu überreden, sie sagt: »Hier haben Sie wirklich Qualität für Ihr Geld. Es ist mein letztes Paar.
Greifen Sie zu, Sie werden sehr zufrieden sein …«
Sie teilen die Ansicht der Verkäuferin nicht und sagen: »Diese Schuhe sind zwar sehr
schön, aber sie sind mir zu teuer. Diesen Preis will ich nicht bezahlen.«
Sie verabschieden sich ohne jede Entschuldigung wie »Ich überlege es mir noch mal«
oder »Es tut mir leid, dass ich Sie so lange bemüht habe«, »Ich komme sicher noch mal
vorbei« … Sie sagen freundlich. »Vielen Dank für Ihre Mühe. Auf Wiedersehen.«

▶ ZIEL:

• Lernen »Nein« zu sagen.

• Nichts zu kaufen, was Sie selbst nicht unbedingt wollen.

• Ziel ist es **nicht**, einen Abhängigen (hier Verkäuferin) zu schikanieren.

▶ BEACHTEN SIE:

• Sie schauen die Verkäuferin immer direkt an, wenn Sie noch andere Schuhe vorge-
führt haben wollen und wenn Sie sagen, dass Ihnen die Schuhe nicht gefallen oder
nicht bequem sind.

• Sie benutzen häufig das Wort »ich« und geben unmissverständlich Auskunft über
Ihren eigenen Geschmack.

• Ein Schuhkauf ist wichtig. Nehmen Sie sich genügend Zeit. Spielen Sie die Situation
ganz aus: vom Betreten bis zum Verlassen des Geschäfts.

Sie haben **Lebensmittel** gekauft. Zu Hause sehen Sie, dass die Ware schlecht ist (Frischedatum verfallen, angefault). **Sie gehen in das Geschäft zurück** und sagen etwa: »Dieses Obst ist nicht mehr frisch. Bitte, **tauschen Sie es um.**« Die Verkäuferin kommt Ihrer Bitte mit den Worten »Gut, dass Sie es gemerkt haben« nach.

▶ ZIEL:

Sie haben ein Recht auf gute Ware für Ihr Geld. Machen Sie es sich zur Gewohnheit, auch kleine Versehen unmittelbar richtigzustellen.

▶ BEACHTEN SIE:

- Sogenannte »Bequemlichkeit« stellt häufig soziale Vermeidung dar.

- Seien Sie bestimmt, aber freundlich, ein Versehen kann jedem unterlaufen.

Sie haben etwas gekauft und merken zu Hause, dass es doch nicht so gut passt (etwa ein Einrichtungsstück, wobei die Farbe oder die Form **Ihnen jetzt nicht mehr gefällt,** oder ein Kleidungsstück, das nicht zu Ihrer Garderobe passt).
Sie gehen nun zu dem Verkäufer zurück und sagen etwa: »Ich habe vorhin bei Ihnen dieses Stück gekauft, und ich möchte es jetzt **umtauschen.** Zu Hause habe ich gesehen, dass es überhaupt nicht zu meiner Einrichtung (meiner Garderobe) passt.«
Der Verkäufer ist nicht sehr freundlich. Er sagt etwas mürrisch: »Können Sie sich das nicht eher überlegen? Ich habe Sie doch nun wirklich ausführlich beraten und es hat Ihnen so gut gefallen. Ich weiß nicht, ob ich noch etwas anderes habe.«
Sie lassen sich durch den mürrischen Ton nicht beeinflussen und sagen etwa: »Aber es gefällt mir jetzt nicht mehr. Es passt überhaupt nicht zu meiner Einrichtung (oder zu meiner Kleidung). Ich möchte bitte Ihre Auswahl noch einmal durchsehen. Dieses Stück möchte ich auf jeden Fall zurückgeben.« Der Verkäufer ist nun wieder sachlich und zeigt Ihnen die Auswahl. Sie wählen einen anderen Artikel oder lassen sich gegebenenfalls einen Gutschein geben. Sie verlassen zufrieden das Geschäft.

▶ ZIEL:

Statt sich über Ihren Missgriff lange zu ärgern, beheben Sie den Irrtum.

▶ BEACHTEN SIE:

Gehen Sie nicht auf das mürrische Verhalten des Verkäufers ein: Entschuldigen Sie sich nicht, werden Sie aber auch nicht aggressiv.

38

Sie haben ein Kleidungsstück gekauft. Zu Hause sehen Sie, dass ein Fleck darauf ist. Am nächsten Tag gehen Sie in das Geschäft zurück und wollen das Kleidungsstück **umtauschen**. Sie sagen etwa: »Ich habe gestern dieses Kleid bei Ihnen gekauft und erst zu Hause gesehen, dass ein Fleck darauf ist. Bitte, tauschen Sie es mir um.«

Der Verkäufer zeigt sich entrüstet und sagt etwa: »Wir verkaufen nur einwandfreie Ware. Es ist völlig unmöglich, dass dieser Fleck schon vor dem Kauf da war. Das wäre mir sicher bei der Anprobe aufgefallen.«

Sie sagen jetzt: »Ich habe dieses Kleid zu Hause ausgepackt und dabei den Fleck bemerkt. Bitte, schauen Sie jetzt nach, ob Sie dieses Kleid noch einmal in meiner Größe da haben. Schließlich habe ich mein Geld für ein *neues* Kleid ausgegeben.«

Der Verkäufer ist ausweichend. Er sagt etwa: »Aber bitte regen Sie sich doch nicht auf. Wir werden das Kleid auf unsere Kosten reinigen lassen.«

Sie gehen darauf nicht ein und sagen energisch: »Ich habe keine Gebrauchtware gekauft und will auch nicht weiter mit ihnen darüber diskutieren. Wenn Sie sich nicht zuständig fühlen, dann möchte ich den Geschäftsführer sprechen.«

Der Verkäufer gibt jetzt nach und tauscht die Ware um. Sie vergewissern sich, dass das Kleid diesmal keine Mängel aufweist. Der Verkäufer verabschiedet sich verbindlich und drückt die Hoffnung aus, dass Sie weiterhin Kunde des Geschäfts bleiben.

▶ ZIEL:

Sie lassen sich von einer berechtigten Forderung nicht abbringen. Notfalls wenden Sie sich an den verantwortlichen Geschäftsführer, Ladenbesitzer oder Abteilungsleiter.

▶ BEACHTEN SIE:

- Keine Zweifel darüber aufkommen lassen, dass der Fehler beim Geschäft liegt.

- Ihre Forderung energisch äußern (»Ich will …«, »Ich bestehe darauf …«).

- Nicht auf Vorwürfe eingehen, nicht diskutieren. Forderung wiederholen, gegebenenfalls auch im selben Wortlaut (Technik der gesprungenen Schallplatte).

39

Sie schicken einen Vertreter weg.

Der Vertreter klingelt an der Haustür und bietet höflich die Ware an. Sie antworten: »Ich habe hierfür kein Interesse«, und schließen die Tür.

Sie schicken einen Vertreter weg.

Diese Situation gestaltet sich wie in 39.

Diesmal aber versperrt der Vertreter dreist die Tür oder kommt direkt in Ihre Wohnung. Er redet auf Sie ein, stellt ständig Fragen und will gleich anfangen, seine Waren auszupacken.

Sie haben wirklich kein Interesse und sagen sehr energisch und bestimmt: »Ich habe Sie nicht hereingebeten. Verlassen Sie jetzt bitte sofort meine Wohnung.«

Der Vertreter redet aber weiter auf Sie ein. Sie werden jetzt sehr böse und sagen sehr laut: »Raus jetzt! Verlassen Sie sofort meine Wohnung!« und drängen dabei den Vertreter zur Tür hinaus.

▶ ZIEL:

– Auch einmal richtig böse werden zu können. – Lernen, einer Unverschämtheit durch Einschüchterung begegnen zu können.

▶ BEACHTEN SIE:

• Werden Sie wirklich wütend, steigern Sie sich in dieses Gefühl hinein und machen Sie Ihrem Ärger Luft.

• Seien Sie sehr laut.

• Gehen Sie dicht auf den anderen zu, fassen Sie die Tür und versuchen, diese zu schließen.

• Nutzen Sie den Überraschungseffekt. Die Übung sollte nicht länger als eine halbe Minute dauern, so bleibt Ihre Position überlegen und Sie brauchen nicht mit einer Anzeige wegen Hausfriedensbruch zu drohen.

Vertreter üben einen Beruf aus und wollen erfolgreich verkaufen. Es ist deren gutes Recht, dies zu wollen. Wie in vielen Berufen oder Positionen, wo man geschult wird, wie man etwas von anderen erreicht, wird hier aber ganz gezielt auf Ihre Unselbstständigkeit spekuliert. Oft will man sich Ihre »Anständigkeit« zunutze machen. Sie sollen manipuliert werden, weil Sie gelernte Regeln von Rücksichtnahme, nachbarschaftlicher Hilfe oder Hilfsbereitschaft praktizieren, die in den meisten zwischenmenschlichen Situationen sinnvoll sind. Das macht sich eine Außengruppe bewusst zunutze, um ihre Zwecke bei Ihnen durchzusetzen. Hier müssen Sie in der Lage sein, die Konsequenz, auf die die anderen spekulieren, zu ändern, nämlich nicht nachgiebig und entgegenkommend, sondern abblockend und bestrafend reagieren zu können. Sie lassen erst gar nicht zu, dass die Regeln missbraucht werden und Sie so in Entscheidungskonflikte geraten. Ihre soziale Diagnose ermöglicht es Ihnen, auf die versuchte Manipulation vom armen Vertreter, vom bösen Chef ... nicht hereinzufallen.

Gute Regeln des Zusammenlebens sind nicht deshalb schon aufzugeben, nur weil sie in vielen Situationen zur Ausnützung missbraucht werden. Wir brauchen uns nicht gleich von unseren Vorstellungen abbringen zu lassen, wenn sie nicht in *allen* Situationen sinnvoll sind. Wir lernen Situationen zu unterscheiden und die neuen Verhaltensalternativen sinnvoll zur Abwehr von Manipulation einzusetzen.

Sie halten in der Gruppe einen Vortrag von 5 Minuten Dauer über ein Ereignis der letzten Tage. **Sie lesen** etwa einen Zeitungsartikel **vor**. Die Gruppe redet währenddessen durcheinander und nimmt keine Notiz von Ihnen. Sprechen Sie laut und deutlich, auch wenn Sie praktisch alleine sind. **Machen Sie absichtlich mindestens drei Versprecher**. Sie können ein Pult benutzen. Machen Sie oft Satzpausen und schauen die einzelnen Anwesenden an.

▶ ZIEL:

- Üben, sich der öffentlichen Beachtung ohne Angst vor Fehlern auszusetzen.
- Üben, Vorträge zu halten.

▶ BEACHTEN SIE:

Die Öffentlichkeit dient hier nur als Kulisse, sie hört nicht zu. Durch das Stimmengewirr sind Sie gezwungen, lauter als die anderen zu reden. Sich zu versprechen hat keine negativen Folgen.

3.2 Hausaufgaben zum dritten Übungsabschnitt »Geschäfte«

Viele der Einkaufssituationen lassen sich am besten in »guten« Fachgeschäften durchführen. Lassen Sie sich nicht abschrecken, wenn das Geschäft als besonders teuer und exklusiv gilt. Sie schauen sich gemäß dem Übungsziel gründlich um und informieren sich ausreichend. Auf keinen Fall jedoch dürfen Sie sich zu einem Kauf überreden lassen, den Sie nicht wollen. Für die Übungen in der Gruppe und zu Vergleichszwecken empfiehlt es sich, eine Ladenstraße zu suchen, wo die Übungen in mehreren ähnlichen Geschäften durchgeführt werden können.

Sie erkundigen sich in einem Geschäft nach einem Gegenstand. Nach Erhalt der Auskunft bedanken Sie sich und gehen, ohne etwas zu kaufen.

▶ RICHTLINIEN FÜR MEINE BEWERTUNG:

Punkte	Kriterien	Erreichte Werte
1	Ich habe die Übung mindestens dreimal durchgeführt.	. . . .
1	Ich habe mich nach der Übung für die Information bedankt und mich ohne Floskeln verabschiedet.	. . . .
1	Ich habe öfters meine eigene Meinung geäußert und mindestens dreimal die Formulierung »ich finde ...«, »ich möchte ...« oder »ich finde nicht ...«, »ich möchte nicht ...« gebraucht.	. . . .
1	Ich habe den Verkäufer dabei offen angeschaut.	. . . . . . *1* . . . . . .
1	Ich habe klar und deutlich gesprochen und alle Sätze ausformuliert.	*1* . . . .

5 . . . .

Die Übung gilt als erfüllt, wenn ich mindestens drei Punkte erzielt habe.

Büromösd : - in Bude
- in Holzfurnie, nicht aus Stahl
- Anließung
- Katalog !

43 (33)

Sie erkundigen sich in einem Geschäft nach einem Gegenstand, über den Sie nur ungenau informiert sind. Wählen Sie diesen so aus, dass der Verkäufer sehr viele Einzelheiten erklären kann, etwa elektrische Geräte, Autos, Möbel, Bankdarlehen …

▶ RICHTLINIEN FÜR MEINE BEWERTUNG:

Punkte	Kriterien	Erreichte Werte
1	Ich habe alle für mich wichtigen Informationsfragen gestellt und eine befriedigende Antwort erhalten.	. . . .
2	Ich habe öfters Rückfragen gestellt und den Verkäufer mindestens zehn Minuten in Anspruch genommen.	. . . .
2	Ich habe den Verkäufer als Fachmann angesprochen, ihn in seinen Bemühungen verstärkt und mich freundlich, aber ohne Floskeln für die Auskünfte bedankt.	. . . .
2	Ich habe Informationen eingeholt, die für mich persönlich wichtig oder interessant waren, und diese Informationen in mehreren Geschäften (Banken) verglichen.	. . . .
7		. . . .

Die Übung gilt als erfüllt, wenn ich mindestens fünf Punkte erzielt habe.

- E-Herd
- Haus

110

Sie sind in einem Geschäft. Der Verkäufer kommt auf Sie zu und bietet Ihnen seine Dienste an. Sie möchten sich aber nur umschauen und drücken diesen Wunsch direkt aus.

▶ RICHTLINIEN FÜR MEINE BEWERTUNG:

Punkte	Kriterien	Erreichte Werte
1	Ich habe die Übung dreimal durchgeführt.	. . . .
1	Ich habe meinen Wunsch, mich nur umschauen zu wollen, deutlich und in der »Ich«-Form geäußert.	. . . .
1	Ich habe dem Verkäufer dabei ins Gesicht geschaut.	. . . .
2	Nachdem ich mich längere Zeit umgesehen habe, bin ich auf denselben Verkäufer zugegangen und habe noch eine gezielte Informationsfrage gestellt.	. . . .

5   . . . .

Dic Übung gilt als erfüllt, wenn ich mindestens drei Punkte erzielt habe.

– Modeladan

111

45 (35)

Sie probieren Schuhe an, ohne sie zu kaufen.

▶ RICHTLINIEN FÜR MEINE BEWERTUNG:

Punkte	Kriterien	Erreichte Werte
3	Ich habe mir von der Verkäuferin mindestens fünf Paar Schuhe zeigen lassen und jedesmal freundlich aber bestimmt Auskunft darüber gegeben, dass **mir persönlich** diese Schuhe nicht gefallen, unbequem oder zu teuer sind.	*nur 3 Paar Schuhe*
1	Ich habe mich beim Verlassen des Geschäftes einfach für die Mühe der Verkäuferin bedankt, ohne Entschuldigungen oder Floskeln zu gebrauchen.	*1*
1	Ich habe die Verkäuferin beim Ablehnen offen angeschaut.	*1*
3	Ich habe so lange geübt, bis ich kein negatives Gefühl mehr beim Ablehnen empfunden habe.	*naja*

8

Die Übung gilt als erfüllt, wenn ich mindestens fünf Punkte erzielt habe.

runnes-pont

Sie kaufen ein Kleidungsstück oder eine Kleinigkeit für Ihre Einrichtung und tauschen es dann wieder um. (Üben Sie möglichst in einem Fachgeschäft. Heben Sie sich die Quittung auf, merken Sie sich den Verkäufer und achten Sie darauf, keine vom Umtausch ausgeschlossene Ware zu kaufen.)

▶ RICHTLINIEN FÜR MEINE BEWERTUNG:

Punkte	Kriterien	Erreichte Werte
2	Ich habe die Ware umgetauscht und dabei nur Auskunft darüber gegeben, dass sie mir nicht mehr gefällt, nicht zu meiner Kleidung, meiner Einrichtung passt.	. . . .
1	Ich habe jede Entschuldigung unterlassen und auch kein Bedürfnis für weitere Erklärungen verspürt.	. . . .
2	Ich habe den Verkäufer offen angeschaut, mich auf keinerlei Diskussionen eingelassen und bestimmt auf dem Umtausch bestanden.	. . . .

5		. . . .

Die Übung gilt als erfüllt, wenn ich mindestens drei Punkte erzielt habe.

Sie haben eingekauft und Ihr Geld oder Scheckheft »vergessen«. **Sie lassen sich die Ware zurückstellen.**

▶ RICHTLINIEN FÜR MEINE BEWERTUNG:

Punkte	Kriterien	Erreichte Werte
2	Ich habe die Übung unter einfachen Bedingungen (Geschäft, wo ich bekannt bin) und unter schwierigen Bedingungen (Haupteinkaufszeit im Kaufhaus) durchgeführt und dabei jede Entschuldigung wie »Ach, das tut mir leid«, »Oh, verzeihen Sie« unterlassen.	. . . .
2	Ich habe es als natürlich empfunden, die Ware einfach zurückstellen zu lassen, und kein Bedürfnis gehabt, weitere Erklärungen abzugeben.	. . . .

4

Die Übung gilt als erfüllt, wenn ich mindestens zwei Punkte erzielt habe.

Sie kaufen in der Hauptgeschäftszeit im Kaufhaus (in der Lebensmittelabteilung) **einen Artikel**, haben das Geld abgezählt parat, **gehen an der Schlange vorbei** und fragen den Kunden an der Kasse: »Würden Sie mich bitte vorlassen?« Sie zeigen dabei flüchtig den Artikel und das Geld.

▶ ZIEL:

Sie lernen, sich der öffentlichen Beachtung auszusetzen. Sie nehmen ein Entgegenkommen der anderen für sich in Anspruch, das Sie im gleichen Falle auch gewähren würden.

▶ BEACHTEN SIE:

Sie bitten freundlich, aber unterlassen unnötige Erklärungen und Entschuldigungen.

▶ RICHTLINIEN FÜR MEINE BEWERTUNG:

Punkte	Kriterien	Erreichte Werte
3	Ich habe die Übung dreimal durchgeführt.	. . . .
3		. . . .

Die Übung gilt als erfüllt, wenn ich drei Punkte erreicht habe.

49

Sie lassen in einem Geschäft die Ware, etwa Aufschnitt, noch einmal nachwiegen. Sie stellen sich vor die Waage und sehen zu, dass es genau die gewünschten 100 g sind. Oder Sie vergleichen die einzelnen Posten auf dem Rechnungsausdruck und vergewissern sich bei einzelnen Posten, ob der Preis und die Stückzahl stimmen. Sie führen diese Übung erst in einem fremden Kaufhaus, dann in einem Geschäft durch, wo man Sie kennt.

▶ ZIEL:

Sie lernen hierbei gerechtfertigte Ansprüche auch dann anzumelden, wenn die Möglichkeit relativ groß ist, dass Ihr Gegenüber »etwas sauer« reagiert. Zu oft werden aus übertriebener Angst, dass andere gekränkt reagieren könnten, einfache Kontrollen unterlassen und mögliche Klarstellungen vermieden. Zu Hause ärgert man sich dann über das eigene Verhalten oder entwickelt ein oft grundloses Misstrauen.

▶ BEACHTEN SIE:

Sie äußern Ihren Wunsch freundlich und sachlich. Auf etwaige Äußerungen des Verkäufers: »Sie trauen mir wohl nicht recht«, sagen Sie einfach: »Ich wollt' es einfach noch mal sehen.«

Punkte	Kriterien	Erreichte Werte
2	Ich habe die Übung mindestens zweimal durchgeführt, ohne mich zu entschuldigen.	. . . .
1	Ich habe die Bitte in einem freundlichen Tonfall, *aber klar und verständlich* geäußert.	. . . .
1	Ich habe die Verkäuferin dabei angeschaut.	. . . .
2	Ich habe wirklich das Ergebnis auf der Waage gesehen oder einzelne Posten auf dem Ausdruck hinterfragt.	. . . .
6		. . . .

Die Übung gilt als erfüllt, wenn ich mindestens vier Punkte erzielt habe.

Sie üben, sympathische Personen anzulächeln. Sie versuchen, Ihnen sympathisch erscheinende Passanten so heiter und fröhlich anzuschauen, dass diese zurücklächeln oder Sie zumindest beachten. Sie können diese Übung zur Erleichterung zunächst in der Gruppe, dann alleine bei sehr »flüchtigen« Begegnungen durchführen. Sie könnten etwa Personen, die in einer anfahrenden Straßenbahn oder vor einer Ampel im Auto sitzen, oder solche, die selber heiter aufgelegt erscheinen, anlächeln. Bei der eigentlichen Übung wählen Sie jedoch auch Straßenpassanten, Mitreisende, Leute im Geschäft, im Lift …

▶ ZIEL:

Sie lernen den Umgang mit einem Ausdruckssignal für Kontaktverhalten. Sie erfahren eine der wesentlichen Grundregeln im menschlichen Zusammenleben: wenn Sie freundliches Verhalten senden, empfangen Sie selbst freundliche Reaktionen von anderen.

▶ BEACHTEN SIE:

Ziel dieser Übung ist noch nicht, Bekanntschaften zu schließen. Sie üben hier nur, durch Ihr Lächeln unbefangen auf andere zu wirken.

▶ RICHTLINIEN FÜR MEINE BEWERTUNG:

Punkte	Kriterien	Erreichte Werte
4	Ich habe in der höchsten Schwierigkeitsstufe mindestens vier andersgeschlechtliche Personen angelächelt.	. . . .
1–4	Ich habe so lange geübt, bis ich von mindestens 1 bis 4 Personen (je 1 Punkt) eine positive Rückmeldung erhalten habe (selbst angelächelt wurde oder freundlich angeschaut worden bin).	. . . .
5–8		. . . .

Die Übung gilt als erfüllt, wenn ich mindestens fünf Punkte erzielt habe.

- im Auto
- im Laden -Verkäufin
-

Sie plaudern eine Weile mit einem Verkäufer in einem Kiosk (oder Zeitungsladen) **mit dem Ziel, Informationen über die betreffende Gegend** (leerstehende Wohnungen, Zimmer, Lokale) **einzuholen.**

Sie suchen einen Kiosk oder ein Geschäft auf, wo wenig Betrieb ist, kaufen eine Zeitung und blättern darin. Sie eröffnen das Gespräch, indem Sie etwa Bezug auf eine der Schlagzeilen nehmen und einige allgemeine Bemerkungen machen. Sie überlegen sich dabei wieder, was den anderen ansprechen könnte. Als Ladenbesitzer könnte er Sorgen über den Umsatz, die Steuer, die Ladenmiete haben. Als Vater oder Mutter könnte er/sie durch Erziehungs- und Schulprobleme angesprochen sein. Er könnte eventuell in seiner Eigenschaft als Hundebesitzer, alter Mann . ... interessiert werden.

Wenn der andere auf Ihre Bemerkungen eingeht, unterstützen Sie seine Ausführungen durch fördernde Bemerkungen wie »Tatsächlich?«, »Ja, wirklich«, »Hm« sowie durch *Rückkoppeln*. Rückkoppeln heißt die Äußerung oder Feststellungen des anderen in Frageform zu wiederholen, wie: »Dieser Laden kostet wirklich 500 DM Miete?«, »Sie meinen, dass die Steuern schon wieder erhöht werden?«

Dann kommen Sie langsam zu Ihrem Anliegen, sprechen den anderen als Ortskundigen an und fragen beiläufig, ob er Ihnen behilflich sein könnte.

▶ ZIEL:

Sie lernen, ein unverbindliches Gespräch zu beginnen und durch Rückkoppelung fortzuführen. Es ist oft fairer und angenehmer, durch eine Plauderei auf den anderen einzugehen und dann beiläufig ein persönliches Anliegen vorzubringen, als nur die eigenen Wünsche zu sehen und gleich mit der Tür ins Haus zu fallen.

▶ RICHTLINIEN FÜR MEINE BEWERTUNG:

Punkte	Kriterien	Erreichte Werte
2	Es ist mir gelungen, durch einige beiläufige Bemerkungen den anderen zum Reden über seine Probleme zu bringen.	. . . .
2	Ich habe das Gespräch durch freundliches Zuhören, fördernde Äußerungen durch Rückkoppelung auf mindestens 5 Minuten ausgedehnt.	. . . .
1	Ich habe mein Anliegen beiläufig und zwanglos einflechten können.	. . . .
1	Ich hatte das Gefühl, dass der andere sich bemüht hat, mir die gewünschten Auskünfte zu geben.	. . . .
6		. . . .

Die Übung gilt als erfüllt, wenn ich mindestens vier Punkte erzielt habe.

3.3 Zur Anwendung der Steuerungsprinzipien: Wie ich selbst lernen kann, mein eigenes Verhalten positiv zu bekräftigen

Sie haben im ersten Abschnitt der Therapie durch systematische Selbstbeobachtung und mittels der Bedingungsanalyse Ihrer Probleme eigene Ziele für diese Therapie entwickeln können. Sie haben die Steuerungsprinzipien im sozialen Handeln kennen gelernt. Im Verlauf dieser ersten Übungen werden Sie sicher auch schon gesehen haben, wie stark Ihr eigenes Verhalten Ihre Umgebung beeinflusst. Das neue, selbstsichere Verhalten erhöht die Wahrscheinlichkeit, dass Ihr Verhalten positive Konsequenzen hat. Ihre Umgebung beachtet Sie vermehrt und positiv. Anfangs ist dies noch Ihre Therapiegruppe. Je mehr Sie selbst das erlernte Verhalten anwenden, um so zahlreicher und für Sie angenehmer werden die Reaktionen Ihrer Mitmenschen. Positives Verhalten bedeutet ja, dass sich die Wahrscheinlichkeit einer Bekräftigung erhöht. Dies ist bei der Mehrzahl der sozial kompetenten und auf Selbstvertrauen basierenden Handlungen der Fall. Positive Reaktionen der Mitmenschen wiederum bekräftigen Ihr eingeübtes neues Verhalten. Je mehr Sie an Wahl- und Entscheidungsmöglichkeiten im sozialen Handlungsspielraum gewinnen, umso mehr können Sie entscheiden, wann und welches Verhalten Sie jeweils aussenden. Sie lernen die Reaktion der Umwelt abzuschätzen. Sie werden zunehmend sicherer im Gebrauch von Verhaltensweisen, die gerade in der jeweiligen Situation die höchste Verstärkerqualität haben. Damit regulieren Sie nicht nur Ihre Umwelt, sondern – über die **Rückkoppelung** aus der Umwelt – auch Ihr eigenes Verhalten.

Diesen Prozess nennt man daher auch **Selbstregulation.** Er erfolgt bewusst und systematisch als aktiver Eingriff in die bisherige Beeinflussung von anderen und durch andere. Je effektiver Sie soziales Handeln einsetzen können, umso mehr steigt – mit der erreichten Bekräftigung – auch Ihr **Selbstwertgefühl.**

Nun gibt es **Verhaltensweisen,** die einfach aus Mangel an Anlass **nicht oft genug praktiziert werden können** oder die sich vor allem **in der eigenen Vorstellung abspielen.**

Wenn ich etwa zum Erreichen langfristiger Ziele kurzfristig Mühen und nichtbelohntes Verhalten auf mich nehme, bin ich vorwiegend ganz auf die Bekräftigung meines Verhaltens in der eigenen Vorstellung angewiesen.

Im Abschnitt »Gedankenstopp« haben Sie bereits eine Art des aktiven Eingreifens in Ihre Verstärkerbilanz kennen gelernt, die ausschließlich durch Ihre eigenen Gedanken wirksam wird. Ebenso, wie Sie soziale Schwierigkeiten und Probleme vermindern können, indem Sie unangenehme und störende Gedanken unterbrechen, können Sie eigene Gedanken, Gefühle und Handlungen auch selbst durch positive Bekräftigung in Häufigkeit und Intensität erhöhen.

Bei der positiven Gegenvorstellung hatten Sie bereits von einem solchen Mechanismus Gebrauch gemacht. Bei der Durchführung der täglichen **Hausaufgaben** erlangen Sie mit dem Punktesystem Sicherheit in der Bewertung Ihrer Leistung. Später werden Sie diese Punkte und Fremdlob weniger zur Bekräftigung brauchen, weil Sie mit größerer Wahrscheinlichkeit Ihr neues Verhalten positiv beurteilen werden und genauer wissen, wann Sie mit Ihrem Verhalten und mit sich selbst zufrieden sein können.

Sich selbst für Anstrengungen und Fortschritte mit den gelernten Verfahren, einschließlich der hervorhebenden Belohnung, zu bekräftigen, ist von einer auf andere aversiv wirkenden Angeberei durchaus verschieden. **Hier stehen Sie zu sich selbst und verstärken realistisch Ihre Lernfortschritte.**

Der Schritt von der Zustimmung zum Fremdlob – »ich freue mich wirklich, dass Du das sagst« – bis zur Selbstverstärkung: »ich bin wirklich froh darüber, dass ich das so gemacht habe« – ist nur klein. Wichtig ist aber auch hier, dass Sie systematisch und konsequent damit beginnen, **Ihr neu zu erlernendes Verhalten selber in Gedanken und auch in Form zustimmender Äußerungen zu bekräftigen.** Das macht Sie zunehmend **unabhängiger** in Ihrem Selbstwertkonzept. Die Selbstverstärkung macht Sie auch krisenunabhängiger, falls durch äußere Veränderungen gewohnte Verstärker entfallen. Sie haben im ersten Teil der Therapie und bei der Analyse Ihrer Verstärker bereits gesehen, dass nicht alle sozialen Handlungen für jeden den gleichen Verstärkerwert haben. Wer bislang noch auf die Zuwendung durch Aussendung von hilflosem Verhalten gewartet hat, könnte sich in einer Gruppe von gemeinsam Lernenden leicht ausgeschlossen fühlen: Das hilflose Verhalten ist ja eines der Probleme, die es zu verlernen gilt, und soll nicht beachtet werden. Gleichzeitig aber ist für diese Person Zuwendung für Hilflosigkeit der einzige »Belohner« geblieben, weil sie Verhalten, das Anerkennung zur Folge hätte, nie lernen konnte. Wenn Sie jetzt selbst beginnen, Ihrem neuen Verhalten häufiger und systematischer positive Bewertungen anzufügen, können Sie der drohenden negativen Verstärkerbilanz vorbeugen und gleichzeitig Ihren Lernzielen näher kommen.

3.4 Gesamtbewertung für den Übungsabschnitt »Geschäfte«

Zählen Sie jetzt alle Punkte, die Sie bei den Übungen des Abschnitts 3 erreichen konnten, zusammen. Tragen Sie die Summe aller Punkte hier ein:

Punkte: ....

Ich konnte mir:

37–43 Punkte geben: Ich habe in diesem Abschnitt ein großes Arbeitspensum gut bewältigt und kann mit meinen Fortschritten zufrieden sein.

44–50 Punkte geben: Ich habe mich sehr angestrengt und sehr gute Fortschritte erzielt. Ich fühle mich selbst viel gelassener und in meinem Verhalten sehr gebessert.

51–57 Punkte geben: Ich habe die Übungen des Programms optimal genutzt. Ich habe viele neue Möglichkeiten im Umgang mit Mitmenschen ausprobiert. Ich bin mit den Fortschritten sehr zufrieden.

Ich gebe mir **sechs Zusatzpunkte**, wenn ich mich bemüht habe, bei allen passenden Anlässen Übungen aus den Übungsabschnitten »Straße« und »Verkehrsmittel« zu wiederholen.

Gesamtpunktwert: ....

4. Vierter Übungsabschnitt: »Lokal/Café«

4.1 Verhaltensprobe

Die Übungen in diesem Abschnitt dienen vorwiegend dazu, öffentliche Beachtung ertragen zu können. Je nach Übungsfortschritt der Gruppe können diese Übungen zum Großteil unmittelbar in der Wirklichkeit durchgeführt werden. Dies sollte jedoch erst dann geschehen, nachdem jede Übung in der Gruppe besprochen und eventuell von Einzelnen geübt wurde.

52

Sie suchen ein volles Speiselokal auf und wählen einen möglichst zentralen Sitzplatz. **Sie rufen nach dem Ober (Fräulein), der (die) fünf Meter entfernt steht.** Der Ober steht mit dem Gesicht zu Ihnen gekehrt und kommt sofort.

53

Die Situation gestaltet sich wie in 52, **der Ober scheint aber diesmal beschäftigt** und sieht Sie nicht sofort an. **Sie rufen jetzt etwas lauter,** worauf der Ober antwortet: »Ich komme sofort.«

▶ ZIEL:

Üben, sich der öffentlichen Beachtung auszusetzen.

▶ BEACHTEN SIE:

- Üben Sie so lange, bis Sie keine Befangenheit mehr spüren.

- Später sollen Sie laut rufen **können**, wenn es nötig ist, etwa wenn Sie auf eine Bestellung oder die Rechnung zu lange warten müssen.

- Wenn der Ober an Ihrem Tisch ist, wird ein Winken genügen.

Sie suchen ein volles Speiselokal auf, gehen unmittelbar auf den Ober (Geschäftsführer) zu und **lassen sich einen Platz empfehlen.** Der Ober zeigt Ihnen einen Platz in der Nähe der Tür. Dieser Platz gefällt Ihnen nicht. Sie weisen auf einen anderen Tisch und sagen: »Danke schön, ich möchte doch lieber dort sitzen.«
Nachdem Sie die Speisekarte durchgesehen haben, rufen Sie den Ober. **Sie lassen sich zwei bis drei Spezialitäten erklären,** fragen etwa, was der Name bedeutet, wie sie zubereitet werden, ob sie empfehlenswert seien. Der Ober gibt freundlich Auskunft.

▶ ZIEL:

- Sich vor einer Entscheidung informieren zu lassen.

- In der Öffentlichkeit zum Ausdruck bringen, dass Sie etwas nicht kennen, damit Sie das Gefühl verlieren, sich bloßzustellen.

▶ BEACHTEN SIE:

Sie wünschen die Hilfe des Kellners, lassen sich aber in der Wahl des Tisches oder der Gerichte keine Entscheidung aufdrängen.

Sie sind in einem vollen Speiselokal und wollen zahlen. Sie rufen laut: »Herr Ober, die Rechnung, bitte.«
Der Ober kommt an Ihren Tisch, notiert Ihren Verzehr und nennt Ihnen den zu zahlenden Betrag. Sie bitten darum, die Rechnung sehen zu dürfen, und lassen sich die einzelnen Posten **aufschlüsseln**. Gegebenenfalls lassen Sie sich eine Rechnung für das Finanzamt ausstellen, die alle einzelnen Posten enthalten muss.

▶ ZIEL:

- Erst nachprüfen und dann zahlen.

- Jemanden länger in Anspruch nehmen ohne Angst, ihn zu belästigen.

▶ BEACHTEN SIE:

- Es handelt sich hier um einen rein geschäftlichen Vorgang. Sie kränken den anderen nicht, wenn Sie Rechnungen überprüfen.

- Beanstanden Sie auch Kleinigkeiten, seien Sie sachlich und genau. Es hat nichts mit Großzügigkeit zu tun, wenn Sie Beanstandungen aus dem Wege gehen.

56

Sie lassen in einem Lokal **Essen zurückgehen.**

Die Beanstandung könnte sich etwa beziehen auf: »Das Essen ist schon kalt, versalzen, der Wein ist sauer, Sie bekommen etwas anderes, als Sie bestellt haben, das Fleisch ist zu sehr durchgebraten oder angebrannt, die Nudeln verkocht oder die Kartoffeln zu hart ...«

Sie rufen den Ober und machen ihn freundlich auf den Fehler aufmerksam und bitten ihn, das Essen umzutauschen. Der Ober kommt Ihrer Bitte freundlich nach.

▶ ZIEL:

Nicht aus Befangenheit Nachteile einzustecken.

▶ BEACHTEN SIE:

- Seien Sie freundlich, aber bestimmt. Schauen Sie den Ober direkt an. Sie erklären den Fehler und sagen dann etwa: »Bitte, bringen Sie mir ...«, und vermeiden Sie Sätze wie: »Könnten Sie vielleicht ... ?«

- Sie erinnern sich, dass solche Situationen keinen Anlass für Entschuldigungen Ihrerseits bieten.

Die Situation gestaltet sich wie in 56, der Ober bestreitet jetzt aber jeden Fehler und ist sehr unfreundlich. Er behauptet etwa, es sei doch Ihre Bestellung, die Qualität sei hervorragend …

Sie wissen, dass Sie auf Vorwürfe am besten nicht eingehen, und wiederholen energisch Ihre Forderung. Der Ober bleibt bei seinem Standpunkt, **Sie lassen den Geschäftsführer rufen und erklären** diesem sachlich Ihre Beanstandung. Der Geschäftsführer entschuldigt sich für das »Missverständnis« und kommt Ihrer Forderung sofort nach.

▶ ZIEL:

- Sie lernen, Ihr Recht auch gegen Widerstände durchzusetzen. Sie verlernen Angst vor Misserfolg und öffentlicher Beachtung.

▶ BEACHTEN SIE:

- Auch hier sind Sie der Überlegene, wenn Sie sachlich bleiben und sich nicht in einen Streit verwickeln lassen.

- Sie rufen den Geschäftsführer, weil der Ober Ihnen Ihr Recht verweigert, nicht, um sich am Ober zu rächen.

- In der Realität kann es vorkommen, dass Ihnen auch der Geschäftsführer Ihr Recht verweigert. In solchen Situationen können Sie gegebenenfalls noch versuchen, wenigstens einen Preisnachlass auszuhandeln. Manchmal kann auch das Drohen mit dem Gewerbeaufsichtsamt Wunder wirken.

4.2 Hausaufgaben zum vierten Übungsabschnitt »Lokal/Café«

Die Übungen dieses Programmabschnitts dienen einmal dem Abbau der Scheu vor öffentlicher Beachtung, zum anderen stellen sie Vorübungen für ein natürliches Kontaktverhalten dar. Beim ersten Teil kommt es unbedingt darauf an, dass Sie sich volle Lokale zum Üben aussuchen. Wenn Sie die Rollenspielübungen zunächst mit Ihrer Gruppe wiederholen, sollten Sie Absprachen treffen, wer in welchem Lokal was übt, und die Lokale oft genug wechseln, damit jeder mit jeder Übung zum Zuge kommen kann. Oftmals wird es notwendig sein, sich in kleinere Gruppen aufzuteilen.

58 (52)

Sie rufen laut nach dem Ober (Fräulein), der (die) etwa fünf Meter entfernt steht.

▶ RICHTLINIEN FÜR MEINE BEWERTUNG:

Punkte	Kriterien	Erreichte Werte
2	Ich habe die Übung mindestens dreimal zu unterschiedlichen Anlässen durchgeführt.	. . . .
1	Ich habe angemessen laut gerufen.	. . . .
2	Ich habe die Übung so oft wiederholt, bis ich keine Befangenheit mehr verspürte.	. . . .
5		. . . .

Die Übung gilt als erfüllt, wenn ich mindestens drei Punkte erzielt habe.

59 (54)

Sie lassen sich zwei bis drei Gerichte auf der Speisekarte vom Ober erklären. Sie fragen etwa, was der Name bedeutet, wie die Speisen zubereitet werden, ob sie empfehlenswert sind ...

▶ RICHTLINIEN FÜR MEINE BEWERTUNG:

Punkte	Kriterien	Erreichte Werte
1	Ich habe mir mindestens drei Gerichte ausreichend erklären lassen.	. . . .
1	Ich habe mir ein Gericht empfehlen lassen und dann doch etwas anderes bestellt.	. . . .
2	Ich hatte nicht das Gefühl, den Ober durch meine Fragen zu belästigen.	. . . .
4		. . . .

Die Übung gilt als erfüllt, wenn ich mindestens zwei Punkte erzielt habe.

Sie sind in einem vollen Speiselokal und wollen zahlen. Sie bitten darum, die Rechnung sehen zu dürfen, und lassen sich die einzelnen Posten aufschlüsseln. Gegebenenfalls lassen Sie sich eine Rechnung für das Finanzamt ausstellen, die alle einzelnen Posten enthalten muss.

▶ RICHTLINIEN FÜR MEINE BEWERTUNG:

Punkte	Kriterien	Erreichte Werte
2	Ich habe die Rechnung genau überprüft und nachgerechnet.	. . . .
1	Bei meinen Nachfragen, die Rechnung sehen zu dürfen beziehungsweise die einzelnen Posten aufzuschlüsseln, habe ich dem Ober offen ins Gesicht geschaut.	. . . .
2	Ich habe die Übung so oft wiederholt, bis ich keinerlei Angst mehr verspürte, den Ober zu kränken.	. . . .

5   . . . .

Die Übung gilt als erfüllt, wenn ich mindestens drei Punkte erzielt habe.

Sie suchen ein sehr volles Lokal auf, wählen einen noch freien Platz in der Mitte, fragen einen der Tischnachbarn: »Darf ich mich zu Ihnen setzen«, **nehmen Platz und halten sich mindestens eine Stunde dort auf.**

▶ ZIEL:

Sich vielen Leuten bei relativ enger körperlicher Nähe auszusetzen, bis Zeichen von Gewöhnung (Sie fühlen sich nach einer Zeit etwas entspannter) eintreten.
Eventuelle Vermeidungsmuster (immer an der Tür, in einer Ecke sitzen) vor »öffentlicher Beachtung« zu durchbrechen.

▶ BEACHTEN SIE:

Verlassen Sie das Lokal auf jeden Fall erst, wenn Ihnen die Situation etwas gleichgültiger als am Anfang geworden ist. Wiederholen Sie die Übung, bis es Ihnen gelingt, sich völlig entspannt dabei zu fühlen.

▶ RICHTLINIEN FÜR MEINE BEWERTUNG:

Punkte	Kriterien	Erreichte Werte
3	Ich habe die Übung in einem sehr vollen Lokal durchgeführt und bin erst gegangen, als ich mich gelassener und bequemer als zu Beginn gefühlt habe.	. . . .
3	Ich habe die Übung so oft wiederholt, dass ich von mir behaupten kann, es lässt mich kalt, wer und wie viele Leute da um mich sitzen.	. . . .
6		. . . .

Die Übung gilt als erfüllt, wenn ich drei Punkte erzielt habe.

Sie suchen ein volles Tanzlokal auf, um »jemanden zu suchen«. Sie durchqueren das Lokal zweimal und halten Ausschau. Gehen Sie nach Möglichkeit auch über die Tanzfläche oder stellen sich dorthin, um sich umzusehen.

▶ ZIEL:

Sie lernen sich der öffentlichen Beachtung auszusetzen und bereiten sich auf spätere Übungen vor.

▶ BEACHTEN SIE:

Falls Eintritt verlangt wird, versuchen Sie auf jeden Fall zunächst umsonst hineinzukommen, weil Sie einen Bekannten abholen müssen, der dort sein soll, erst sehen wollen, was los ist … Die Zahl der Wiederholungen oder ein längerer Aufenthalt ergibt sich aus den Ausführungen zu Punkt 2 der nachfolgenden »Richtlinien für meine Bewertung«.

▶ RICHTLINIEN FÜR MEINE BEWERTUNG:

Punkte	Kriterien	Erreichte Werte
3	Ich habe die Übung so durchgeführt, dass ich das ganze Lokal mindestens zweimal ganz durchquert habe und mich an zentraler Stelle (eventuell Tanzfläche) aufgehalten habe.	....
3	Ich habe die Übung so gestaltet, dass es mir nichts ausmacht, längere Zeit in einem Tanzlokal zu verweilen und langsam über eine leere Tanzfläche zu schlendern.	....
6		....

Die Übung gilt als erfüllt, wenn ich sechs Punkte erzielt habe.

63

Sie sind allein zu Hause und üben mit voller Absicht und so oft als möglich, Handlungen auszuführen, die Ihnen in der Öffentlichkeit ungewohnt wären, von denen Sie jedoch manchmal befürchtet haben, dass »es passieren« könnte.

Diese Handlungen könnten sein: Rotwerden, Schwitzen, Magenknurren, Zittern, Aufstoßen ...

Sie sollten sich dabei noch keine bestimmte Situation vorstellen, wo es »mal passieren« könnte, sondern es einfach aktiv auf Kommando versuchen. Sie werden sehen, es gelingt zumeist gar nicht.

▶ ZIEL:

Sie lernen, dass »befürchtete Reaktionen« Ihres Körpers gar nicht so leicht zu erzielen sind. Häufig wird nämlich nur geglaubt, dass andere jetzt meinen Herzschlag gehört haben müssten, dass man wie eine Tomate ausschauen würde ..., ohne dass diese Reaktionen überhaupt auftreten.

▶ BEACHTEN SIE:

Diese Technik (paradoxe Intention) können Sie später auch mit Nutzen zur »Realitätstestung« einsetzen. In Situationen, wo Sie das Auftreten von solchen körperlichen Reaktionen befürchten, versuchen Sie diese auf Kommando selbst aktiv zu erzeugen und merken, dass es nicht gelingt.

Sie versuchen, mit voller Absicht die Aufmerksamkeit von anderen Gästen in einem Lokal auf sich zu lenken, indem Sie bewusst mal etwas machen, was Sie sonst eventuell als »peinliches Ereignis« gerade fürchten.

Sie könnten sich etwa geräuschvoll schneuzen, laut niesen, eine Gabel fallen lassen und vom Ober ein neues Besteck verlangen, sich verschluckt haben und heftig husten müssen …

▶ ZIEL:

Sie lernen sich der öffentlichen Beachtung auch bei »tatsächlichen Anlässen« gelassen auszusetzen. Sie sehen, dass es durchaus keinen Weltuntergang bedeutet, wenn Sie solche Dinge tun.

▶ BEACHTEN SIE:

Ziel der Übung ist nicht, andere echt zu belästigen oder zu provozieren (etwa jemanden anniesen oder anhusten). Wenn Sie gerade im Gespräch, etwa bei der Bestellung, waren, fahren Sie danach ohne jede Erklärung oder Entschuldigung unbefangen fort.

▶ RICHTLINIEN FÜR MEINE BEWERTUNG:

Punkte	Kriterien	Erreichte Werte
2	Ich habe die Übung durchgeführt und die Beachtung durch andere bewusst auf mich gelenkt.	....
2	Ich habe niemanden dabei tatsächlich belästigt.	....
2	Ich bin ganz gelassen geblieben und habe in keiner Weise auf mein Husten, Niesen … Bezug genommen.	....
6		....

Die Übung gilt als erfüllt, wenn ich vier Punkte erreicht habe.

Sie fragen in einem Lokal mit normaler Lautstärke **nach der Toilette.**

▶ ZIEL:

Sie üben, diese Frage ohne das vielfach übliche Getue zu stellen.

▶ RICHTLINIEN FÜR MEINE BEWERTUNG:

Punkte	Kriterien	Erreichte Werte
1	Ich habe bei einem Lokalbesuch den Ober in normaler Lautstärke gefragt und bin dabei »suchend« auf ihn zugegangen.	. . . .
	Oder:	
2	Ich habe die Frage am Tisch gestellt, als ich den Ober für eine Bestellung geholt hatte.	. . . .
	Oder:	
4	Ich habe die Übung in einem Lokal durchgeführt, das ich nur deswegen aufgesucht habe, und habe mich nicht entschuldigt.	. . . .
7		. . . .

Sie können die Übung wahlweise in den Abstufungen für 1, 2 oder 4 Punkte durchführen.
Die Übung gilt als erfüllt, wenn Sie mindestens vier Punkte erzielt haben.
Sie erreichen vier Punkte, wenn Sie nur die letzte Übung gemacht haben, aber auch wenn Sie eine andere öfters wiederholen.

Sie loben in einem Lokal das Essen und die Bedienung (in einem Geschäft das Angebot, Preise, die Beratung …) mit jeweils mindestens zwei ausformulierten Sätzen. Sie könnten etwa sagen: »Es hat mir sehr gut geschmeckt. Besonders die Sauce (das Fleisch) war schmackhaft zubereitet.« Oder: »Wie Sie das bloß schaffen bei dem Betrieb hier. Ich finde, es gehört allerhand dazu, dabei noch so freundlich (aufmerksam) wie Sie zu sein.«

▶ ZIEL:

Sie lernen, andere zu loben, wann immer ein wirklicher Grund zu erkennen ist. Sie verstärken (bekräftigen) damit beim anderen gerade diese – für Sie angenehme – Handlungsweise, machen dem anderen Freude und sich Freunde.

▶ BEACHTEN SIE:

Ein Anlass, jemanden zu loben, besteht viel öfter, als zumeist erkannt wird. Es müssen keine außerordentlichen Taten vollbracht werden, um Anerkennung zu verdienen. Die täglichen Mühen zu bewältigen, sich für irgendetwas zu bemühen, sich etwas mehr als notwendig anzustrengen, etwas freundlicher und netter als üblich zu anderen zu sein – das alles sollte erhalten, gefördert, bekräftigt, eben anerkannt werden. Vergessen Sie nie, dass das Wohlgefühl eines jeden letztlich vom Loben abhängig ist. Loben Sie zunächst für Leistung, für Tätigkeiten, für Sachliches, wo immer Sie bei Ihren Übungen längeren Kontakt und passenden Anlass finden.

▶ RICHTLINIEN FÜR MEINE BEWERTUNG:

Punkte	Kriterien	Erreichte Werte
3	Ich habe mein Lob in mehreren voll ausformulierten Sätzen geäußert und zum Ausdruck gebracht, dass ich es bin, der das gut findet oder sich freut (»Ich finde …«).	. . . .
2	Ich habe den anderen beim Loben freundlich angeschaut.	. . . .
2	Ich habe mich gefreut, dem anderen damit etwas Gutes zu tun.	. . . .
3	Ich habe bei mindestens drei anderen Personen meiner Umgebung zwanglos und nett bisher unbeachtetes Verhalten gezielt loben können.	. . . .
10		. . . .

Die Übung gilt als erfüllt, wenn ich mindestens fünf Punkte erzielt habe.

Sie setzen sich in Lokalen, Cafés, an Haltestellen, in Verkehrsmitteln, Ausstellungen, im Park … **zu anderen Menschen, ohne von sich aus ein Gespräch zu beginnen.** Suchen Sie jede Gelegenheit wahrzunehmen, wo Sie andere allein und unbeschäftigt sehen. Sie grüßen sehr freundlich, fragen beiläufig »Darf ich mich zu Ihnen setzen«, nehmen dann »entspannt« Platz (sich zurücklehnen, Beine und Arme lockern, nicht verschrauben, verschränken, nicht nervös wippen). Schauen Sie sich um und beachten Sie den anderen nur so nebenbei. Sie lassen die Gegenwart des anderen einfach auf sich wirken, Sie nehmen beobachtete Einzelheiten vom andern zum Anlass, sich Gedanken über ihn zu machen. Aber tun Sie das alles wie bei der Betrachtung einer schönen Landschaft: passiv, entspannt wahrnehmen statt aktiver Beobachtung. Sie bleiben je nach Situation etwa 10 Minuten so sitzen und verabschieden sich dann freundlich.

▶ ZIEL:

Sie lernen, dass es verschiedene Formen zwischenmenschlichen »Kontakts« bzw. Zusammenseins gibt, die alle in sich einen eigenen Wert haben können. Nicht aus jeder Gemeinsamkeit beim Anschauen, Zusammensitzen, bei Tätigkeiten, Plaudereien … mit sympathischen Menschen muss sich etwas entwickeln. Lernen Sie intimen Kontakt nicht von vornherein »auf Biegen oder Brechen« als einziges Ziel der Begegnung anzusehen. Das verkrampft nur und verbaut viele andere Möglichkeiten.

▶ BEACHTEN SIE:

Natürlich weichen Sie Blickkontakten oder einer Plauderei nicht aus, wenn der andere dieses sucht. Sie selbst sollen lediglich das Gespräch noch nicht eröffnen und sich ganz der passiven Wahrnehmung des anderen widmen.

▶ RICHTLINIEN FÜR MEINE BEWERTUNG:

Punkte	Kriterien	Erreichte Werte
2	Ich habe meine Übungen auch mit für mich schwierigen »Partnern« durchgeführt und habe niemals eine Situation abgebrochen, weil es mir mulmig wurde.	. . . .
2	Ich fand mich sehr gelöst und freundlich und habe den anderen mehrfach passiv betrachtet. Dabei habe ich öfters mal fröhlich gelächelt.	. . . .
3	Ich habe bei meinen Übungen mindestens dreimal das angenehme Gefühl gehabt, einfach die Gegenwart netter Menschen zu spüren, ohne mich irgendwie genötigt zu fühlen.	. . . .
7		. . . .

Die Übung gilt als erfüllt, wenn ich mindestens fünf Punkte erzielt habe.

Sie treffen eine telefonische Verabredung mit einem Bekannten, den Sie längere Zeit nicht gesehen haben, eventuell auch mit einem vielbeschäftigten Gruppenmitglied, und überreden ihn zu einem Treffen in einem Lokal, Café.

▶ ZIEL:

Sie lernen jemanden zu überreden, wenn Sie ihn auf jeden Fall wiedersehen wollen.
Im Gegensatz zur vorhergehenden Übung haben Sie hier ein ganz klares Ziel: Im »Ernstfall« wollen Sie den anderen möglichst bald wieder treffen und versuchen ihn mit all Ihrer Nettigkeit und Überredungskunst dazu zu bringen.

▶ BEACHTEN SIE:

Überlegen Sie, zu welcher Zeit der Anruf für den anderen wohl am günstigsten wäre (flaue Bürostunden, Schichtarbeiter, Spätarbeiter). Schlagen Sie den gleichen oder einen der folgenden Tage zum Treffen vor mit genauen Ort- und Zeitvorschlägen.
Sie eröffnen das Telefongespräch mit Erkundigungen über das Befinden, Tun ... des anderen, äußern den Wunsch, ihn gern mal wiederzusehen, überreden ihn. (Eventuell lassen Sie Andeutungen über frühere Bekannte fallen, ohne zu ausführlich zu werden, über sein Interessengebiet, gehen auf eines seiner speziellen Probleme besonders ein und sagen, wie gern Sie mehr davon hören wollen ...) – Notfalls haben Sie als Begründung, dass Sie gern mal von einem früheren Bekannten hören wollen, was er von Ihren neuen Verhaltensansätzen hält.

▶ RICHTLINIEN FÜR MEINE BEWERTUNG:

Punkte	Kriterien	Erreichte Werte
1–5	gebe ich mir je nach Schwierigkeit, den anderen zu der Verabredung zu überreden.	. . . .
5		. . . .

Die Übung gilt mit einem Punkt schon als erfüllt.

Für die Vortragsübung im nächsten Abschnitt bereiten Sie einen Text über ein Thema, das Sie selbst betrifft, vor: Über Ihr Arbeitsgebiet, Ihre Interessen (Mode, Hobby) oder über Prinzipien dieses Trainingsprogramms (Verhaltensanalyse, Lernprinzipien).

In der Übung sollen Sie fünf Minuten über dieses Thema reden und sich einer anschließenden Diskussion stellen. Sie bereiten sich darauf vor, frei zu sprechen, wobei Sie Ihr Manuskript als Hilfe benutzen können. Es kann dabei ganz günstig sein, einzelne Stichworte recht groß aufzuschreiben oder farbig zu unterstreichen, damit Sie mit einem flüchtigen Blick eine Orientierung über den Ablauf des Vortrages gewinnen können.

Sie üben den Vortrag zunächst wieder allein vor dem Spiegel und versuchen, die angegebene Zeit einzuhalten.

4.3 Zur Anwendung der Steuerungsprinzipien: Die selbstständige Planung und Kontrolle der Hausaufgaben

»Hausaufgaben« dienen der praktischen Anwendung des Gelernten. Sie sind unerlässlich für den Therapieerfolg.

Sie haben sich bei Beginn der Therapie daher zur strengen, systematischen Durchführung der Hausaufgaben verpflichtet. Bei der regelmäßigen Besprechung der durchgeführten Hausaufgaben konnte Ihr Therapeut auf kritische Situationen besonders eingehen. Die Mitglieder der Gruppe haben Ihnen zur Übungserleichterung verholfen. Diese Hilfen und Kontaktmöglichkeiten werden Ihnen auch weiter zur Verfügung stehen. Als zusätzliche Unterstützung zum Aufbau eines eigenen Kontrollsystems, mit dem Sie Ihre Fortschritte und die systematische Anwendung des Neuerlernten nachprüften, konnten Sie das Bewertungssystem durch Punkte benutzen. Die erreichte Punktzahl zeigte an, ob Sie die wesentlichen Merkmale der Übung herausgefunden und gezielt eingesetzt haben. Sie konnten mit Hilfe der Punkte lernen, Kriterien für die Durchführung der Hausaufgaben zu entwickeln. Es wird jetzt für Sie leichter sein, auf ganz konkrete Verhaltensweisen bei der Planung von Hausaufgaben zu achten. Sie nehmen sich nicht einfach vor, im Lokal mal eben zu rufen, sondern setzen sich als Ziel, dies wirklich mit unbefangener Stimme und ohne Verlegenheitsgesten tun zu können, bis Sie keine Beklemmung mehr spüren.

Das Ziel der praktischen Anwendung bei den folgenden Hausaufgaben ist es, die Situation durch Einsatz von immer mehr und immer besseren Strategien optimal zu gestalten. Ihre Bewertungskriterien ändern sich im nächsten Abschnitt. Sie bewerten nicht mehr allein die einfache Durchführung der Übungen, sondern zudem auch ihre Güte mit Zusatzpunkten. Was gut und was besser ist, können Sie inzwischen auch schon sicher beurteilen. Anfangs haben Sie die Punkte bei den Hausaufgaben nur in materielle Belohnung umtauschen können, später dienten sie als Hinweis für angezeigtes Selbstlob.

Mit der eigenen positiven Bewertung für die Erfüllung der Kriterien haben Sie gelernt, selbst die wichtigsten Übungsfortschritte zu bekräftigen. Wenn dies gelingt, können Sie auf die Hilfe der Punkte allmählich verzichten. Sie haben ein sicheres Gespür für Ihre Wirkung auf andere, für die Bedeutung von Hinweiszeichen einer sozialen Situation, und verfügen über ein größeres Verhaltensrepertoire. Sie sind mit Ihrem Verhalten auch ohne Punkte und Umtausch in Lob zufrieden. Sie bekräftigen eigenes Verhalten da, wo es Ihnen auf Grund der Planung von »Hausaufgaben« als wichtig und angemessen erscheint.

Ab dem sechsten Übungsabschnitt werden die Hausaufgaben schon ohne Bewertungssystem und ohne strenge Situationsfestlegung durchgeführt. Sie werden zunehmend selbstständig, gemäß der Verhaltensprobe und der sozialen Diagnose von Ihnen geplant und selbst gesteuert, aber noch in der Gruppe besprochen. Damit entfallen auch zusätzliche »Hausaufgaben«, Sie wenden lediglich das Gelernte in allen passenden Situationen an. Sie gewinnen Zeit. Es macht daher gar nichts, wenn die Gruppe mit den Verhaltensproben den Hausaufgaben des Grundkurses voraus ist. Eine Verschiebung um ein oder zwei Übungsabschnitte ist sogar sinnvoll, und die Anwendung des Gelernten ist leichter, wenn das Neuerprobte schon höhere Schwierigkeitsgrade erreicht hat.

4.4 Gesamtbewertung für den Übungsabschnitt »Lokal/Café«

Zählen Sie jetzt alle Punkte, die Sie bei den Übungen des Abschnitts 4 erreichen konnten, zusammen. Tragen Sie die Summe aller Punkte hier ein:

Punkte: . . . .

Ich konnte mir:

39–45 Punkte geben: Ich finde es gut, dass ich insgesamt vorankomme, und freue mich über jeden Schritt vorwärts.

In diesem Übungsabschnitt konnte ich mein Verhalten noch mehr verbessern.

46–53 Punkte geben: Ich finde es sehr gut an mir, wie ich die Übungsmöglichkeiten nutze, und bin mit meinen Fortschritten zufrieden.

54–61 Punkte geben: Ich finde, dass ich mich ausgezeichnet gehalten habe, und bin sehr stolz auf mich.

Ich gebe mir **neun Zusatzpunkte**, wenn ich mich bemüht habe, bei allen passenden Anlässen Übungen aus den Übungsabschnitten »Straße«, »Verkehrsmittel« und »Geschäfte« zu wiederholen.

Gesamtpunktwert: . . . .

5. Fünfter Übungsabschnitt: »Öffentliche Veranstaltungen«

5.1 Verhaltensprobe

Hier üben Sie, sich der öffentlichen Beachtung vor einem größeren »Publikum« auszusetzen. Andere Übungen betreffen die Gesprächsführung und das Kontaktverhalten. Bei den Hausaufgaben entfaltet die Gruppe zunehmend mehr Eigeninitiative in der Übertragung des Gelernten auf die Praxis.

70

Sie gehen mit Ihrem Freund/Übungspartner **ins Kino** (Abendvorstellung, viel besuchter Film). Der Film hat noch nicht begonnen. Sie betreten das Kino unabhängig voneinander. Einer geht auf dem rechten und einer auf dem linken Seitengang nach vorn. Wenn Sie etwa in der Mitte des Ganges angelangt sind, »bemerken« Sie plötzlich Ihren Freund und rufen laut: »Hallo, (Helmut) …, hast Du schon einen Platz? Wir treffen uns nachher am Ausgang!«
Der andere begrüßt Sie freundlich und bittet Sie, herüberzukommen, oder stellt eine kurze Rückfrage über den Treffpunkt.

▶ ZIEL:

• Sie setzen sich der öffentlichen Beachtung aus. Sie sind gezwungen, sehr laut zu rufen.

• Sie erleben, dass Sie auch schwierige Situationen nicht zu vermeiden brauchen, Ihre Handlung hat keine negativen Folgen. Im Gegenteil: Sie haben spontan Ihre Freude über das Wiedersehen gezeigt, erfolgreich auf sich aufmerksam gemacht und eine konkrete Verabredung getroffen.

▶ BEACHTEN SIE.

• Rufen Sie mindestens zwei voll ausformulierte Sätze.

• Winken Sie deutlich, damit der andere Sie auch bemerkt.

71

Sie sitzen **im Kino,** der Film läuft schon. **Sie sprechen Ihren Vordermann an und bitten ihn, sich kleiner zu machen,** etwas zur Seite zu rücken, den Hut abzunehmen ..., weil Sie gar nichts sehen können. Er reagiert sofort in der gewünschten Weise.

▶ ZIEL:

Sie haben Ihre Karte nicht für ein Hörspiel gekauft! Statt sich durch Vermeiden ständig zu ärgern, bringen Sie Ihre Wünsche zum Ausdruck. Es macht dem anderen kaum Mühe, Ihnen entgegenzukommen. Sie würden ja auch so handeln.

▶ BEACHTEN SIE:

- Beugen Sie sich vor und stellen Sie Ihre Bitte in einem freundlichen Tonfall.

- Sprechen Sie leise, aber deutlich.

72

Sie kommen etwas zu spät zu einer Veranstaltung und lassen sich den Beginn von Ihrem Nachbarn kurz erklären, was dieser freundlich tut.

▶ ZIEL:

Diese Information ist für Sie wichtig. Sie nehmen dafür eine geringfügige Störung der anderen in Kauf.

▶ BEACHTEN SIE:

Sie üben, weil Sie eine übertriebene Angst, andere zu belästigen, überwinden wollen. Dies geschieht durch häufiges Tun, ohne dass die gefürchteten Folgen eintreten. In dieser Situation könnten Sie aber die Grenze der sozialen Toleranz überschreiten (Sie sprechen zu laut oder zu lange).

Sie sollen heute vor der Gruppe einen fünfminütigen Vortrag über ein Thema halten, das Sie selbst betrifft: über Ihr Arbeitsgebiet, Ihre Interessen (Mode, Hobby) oder über Prinzipien dieses Trainingsprogramms (Verhaltensanalyse, Lernprinzipien) ... Anschließend führen Sie eine kurze Diskussion zu diesem Thema. Sie haben einen vorbereiteten Text, reden aber frei, stehend, schauen die Zuhörer an, machen öfters Pausen und fragen: »Haben alle verstanden?«

Sie üben auch, sich absichtlich fünfmal zu versprechen, schneuzen sich einmal die Nase, fordern ein Glas Wasser, trinken ein paar Schlucke und reden ganz ruhig weiter. Die Gruppe hört interessiert zu und äußert sich in der Diskussion anerkennend.

▶ ZIEL:

- Statt ständig aus Angst, etwas Falsches zu sagen oder zu tun, solchen Situationen aus dem Wege zu gehen, üben Sie, sich einfach mal absichtlich Fehler zu erlauben. Sie sehen, es passiert nichts.

- Sie befassen sich mit Ihren Zuhörern:
  Anschauen, Pausen, Rückfragen, Diskussion.

▶ BEACHTEN SIE:

- Der Inhalt Ihres Vortrages ist unwichtig, er soll vor allem Ihre persönliche Meinung ausdrücken.

- Achten Sie auf eine lockere Haltung. Versuchen Sie, auch durch Handbewegungen Ihre Worte zu unterstreichen.

Sie beginnen im Café, bei einer Veranstaltung ... ein Gespräch mit einer sympathischen Person, die Sie gerne kennen lernen würden. Sie betreten das Café (die Veranstaltung) und schauen sich am Eingang um, ob sich eine entsprechende Gelegenheit bietet. Dann gehen Sie locker auf den freien Platz zu. Sie grüßen freundlich und fragen: »Darf ich mich zu Ihnen setzen?« (Diese Frage gibt **eindeutig Auskunft über Ihren Wunsch** und erlaubt dem anderen genauso gut wie die unpersönliche Floskel »ist der Platz noch frei?« zuzustimmen oder abzulehnen.)

Nachdem Sie Platz genommen haben, können Sie die Gesprächsbereitschaft des anderen durch einige Bemerkungen zu allgemeinen Themen testen und gegebenenfalls mit Fragen nachziehen. Etwa »Es ist nett hier, ist es immer so voll?« oder »Ist das ein Wetter, jetzt hätte ich Lust auf ein Eis. Ist das Eis gut hier?« Während Ihrer Bestellung machen Sie sich Gedanken über die möglichen Interessen Ihres Gegenüber (liest vielleicht eine Zeitung, scheint in Eile: muss er wieder zur Arbeit? noch zum Einkaufen? scheint fremd zu sein ...).

Sie versuchen jetzt wieder eine Frage zu stellen, die keine einfache Beantwortung mit »ja« oder »nein« zulässt. Dabei sprechen Sie Ihre eigenen Interessen an, wie: »Haben Sie schon im Programmteil (der Zeitung) gelesen, dass heute Abend ... im Kino (im Fernsehen) läuft?« Sie wählen einen Film oder Beitrag, über den Sie selbst Bescheid wissen, und machen ein paar Bemerkungen dazu und sagen dann etwa: »Was halten Sie davon?«, »Was meinen Sie dazu?« Oder: Sie müssen noch einkaufen und fragen: »Können Sie mir ein Geschäft empfehlen, wo man am besten ... einkauft?« Schließen Sie sich gegebenenfalls an. Solche Fragen nennt man im Gegensatz zu den geschlossenen Fragen, die mit einer einfachen Feststellung, ob es zutrifft oder nicht, beantwortet werden können, **offene Fragen.** Offene Fragen sorgen für einen längeren Gesprächsfluss und helfen, die ständige Suche nach einem neuen Thema einzuschränken.

Sie können auch ganz frei Ihren Wunsch, sich ein bisschen zu unterhalten, äußern. Sagen Sie einfach: »Ich möchte mich gerne ein bisschen mit Ihnen unterhalten.«

Wenn der andere redet, ist Ihre wichtigste Aufgabe, ihn dabei zu unterstützen. **Zuhören können macht sympathisch.** Bei den Ausführungen des anderen zeigen Sie einen freundlichen, offenen Gesichtsausdruck, bekräftigen gegebenenfalls mit »Ja, richtig«, »Das finde ich auch«, »Tatsächlich«, »Hmm« ... Bei Redepausen des anderen können Sie durch Rückkoppelung den anderen wieder zum Sprechen bringen. Sie können aber auch Ihre eigene Meinung zu dem Vorangegangenen darstellen. Als Rückkoppelung wollen wir hier die Wiederholung des Gesagten in Frageform verstehen: »Sie sind der Meinung, dass ... ?« »Sie mögen das ... am liebsten?«

▶ ZIEL:

Sie lernen, Ihre Scheu zu überwinden, eine sympathische Person anzusprechen.
Sie üben sich in der Gesprächsführung und lassen sich auch in Pausen nicht verunsichern. Sie geben offen über Ihre Wünsche Auskunft.

Ziel dieser Übung ist noch nicht, eine feste Verabredung zu treffen. Sie können nicht voraussetzen, dass andere Menschen dieselben Wünsche wie Sie selbst haben. Wenn der andere verabredet ist, keine Zeit hat oder keine Lust, sich zu unterhalten, dann ist dies sein gutes Recht und braucht mit Ihren sozialen Fertigkeiten überhaupt nichts zu tun zu haben. Der Erfolg der Übung lässt sich daher nur an gesprächsbereiten Personen messen.

- Sie eröffnen das Gespräch mit einem allgemeinen Thema oder sagen einfach, dass Sie sich ein bisschen unterhalten wollen.

- Sie überlegen, was den anderen interessieren könnte, und stellen **offene Fragen,** also solche Fragen, wo keine einfache »Ja/Nein«-Beantwortung möglich ist.

- Sie fördern die Ausführungen des anderen durch freundlich-verständnisvolles Zuhören und indem Sie den andern öfters offen anschauen, durch zustimmende Bemerkungen und durch Rückkoppeln der Äußerungen.

- In den Gesprächspausen stellen Sie auch **eigene Meinungen, Erfahrungen und Vorlieben** dar und äußern gegebenenfalls auch abweichende Meinungen.

- Entstehen Pausen und Sie möchten das Gespräch fortsetzen, so können Sie das am besten dadurch signalisieren, dass Sie Ihr Gegenüber dann direkt ansehen.

75

Sie üben mit jedem Gruppenmitglied, sich auf etwa 20 cm Abstand gegenüber aufzustellen, den anderen anzuschauen, die Hände des anderen zu ergreifen, etwa zwei Minuten schweigend dazustehen und **sich in körperliche Nähe einzufühlen.** Dann sagen Sie dem anderen mindestens drei anerkennende Sätze über seine Übungsfortschritte, seine gute Mithilfe bei der Gruppenarbeit oder seine Anstrengungen.

► ZIEL:

Sie üben, körperliche Nähe zu tolerieren und die Gegenwart anderer bewusst aufzunehmen. Sie üben dabei, sachlich Lob zu spenden.

► BEACHTEN SIE:

- Schauen Sie dem anderen freundlich in die Augen, lächeln Sie eventuell. Auf keinen Fall sollten Sie aber durch Ironie, Spott oder Lachen von Ihrem Gefühl ablenken (die Situation vermeiden).

- Körperliche Nähe ist ein wichtiges Signal für sozialen Kontakt und erzeugt je nach Anlass und Nähe oft unnötige Beklemmungen. Durch häufiges Wiederholen und lange Dauer solcher Übungen (siehe Hausaufgaben in Spielform) lernen Sie auch dieses Hindernis zu überwinden und erweitern Ihre Wahl- und Handlungsmöglichkeiten.

- Es ist wichtig, dass jeder mit allen Gruppenmitgliedern übt.

5.2 Hausaufgaben zum fünften Übungsabschnitt »Öffentliche Veranstaltungen«

Die Übungen dienen wie im Abschnitt »Lokale« vor allem dem Abbau der Angst vor öffentlicher Beachtung, Fehler zu machen oder aufzufallen, und der Einübung von Kontaktverhalten.

Die meisten Aufgaben in diesem Abschnitt erfordern einen instruierten Partner beziehungsweise die Mithilfe Ihrer Gruppe.

Das Bewertungssystem für die Hausaufgaben enthält jetzt keine Mindestkriterien und Gesamtpunktzahlen mehr: Die Punkte und Kriterien sollen Ihnen nur noch Anregungen für Ihre eigene Bewertung geben.

76 (70)

Ich begrüße im vollen Kino einen Bekannten und rufe ihm über die Bankreihen mindestens zwei Sätze zu.

▶ RICHTLINIEN FÜR MEINE BEWERTUNG:

Punkte	Kriterien	Erreichte Werte
1	Ich fand es gut, dass ich mich überwinden konnte, fühlte mich aber noch etwas befangen und gebe mir einen Punkt.	. . . .
3	Ich fand es sehr gut, dass ich keinen Gedanken über die Reaktionen der anderen verschwendet habe oder dass ich die Übung wiederholt habe, bis mir die Situation nicht mehr peinlich war, und gebe mir zusätzlich drei Punkte.	. . . .
2	Ich finde es sehr gut für mich, dass ich auch in Zukunft wichtige Dinge nicht einfach unterlassen will, wenn gar keine Beeinträchtigung für andere gegeben ist, und gebe mir zwei Punkte zusätzlich.	. . . .

Im Kino versperrt mein Vordermann die Sicht. Ich bitte ihn, etwas zur Seite zu rücken.

▶ RICHTLINIEN FÜR MEINE BEWERTUNG:

Punkte	Kriterien	Erreichte Werte
1	Ich habe mich ganz gezielt hinter eine große Person gesetzt und während des Filmes meine Bitte gestellt. Ich gebe mir einen Punkt.	. . . .
1	Ich habe die Bitte in leisem aber deutlichem Tonfall gestellt und mich nicht entschuldigt. Ich gebe mir einen Zusatzpunkt.	. . . .
2	Ich würde auch in Zukunft Leute ansprechen, wenn sie mich bei Veranstaltungen durch Gespräche oder ihre Haltung behindern, und gebe mir zwei Zusatzpunkte.	. . . .

Ich komme zu spät zu einer Veranstaltung und lasse mir den Beginn kurz erklären.

▶ RICHTLINIEN FÜR MEINE BEWERTUNG:

Punkte	Kriterien	Erreichte Werte
1	Ich habe meine Frage leise aber deutlich gestellt und gebe mir einen Punkt.	. . . .
2	Ich habe den richtigen Augenblick für meine Frage gewählt (nicht zu lange gewartet, der andere war nicht selbst im Gespräch, nicht gerade die spannendste Handlung) und gebe mir zwei Zusatzpunkte.	. . . .

79 (74)

Ich setze mich zu einer sympathischen Person (bei Veranstaltungen, im Café, im Park …) und beginne ein Gespräch. Ich versuche, eine nette Unterhaltung zustande zu bringen.

▶ RICHTLINIEN FÜR MEINE BEWERTUNG:

Punkte	Kriterien	Erreichte Werte
1	Ich habe mich zwanglos zu jemanden gesetzt und über meine Absicht offen Auskunft gegeben (»Darf ich mich zu Ihnen setzen?«, »Ich möchte mich gerne ein wenig unterhalten« …) und gebe mir einen Punkt.	. . . .
1	Ich habe freundlich gelächelt, den anderen angeschaut und mindestens dreimal versucht, ein Gespräch zu beginnen (allgemeine Bemerkungen mit gezielten Fragen gemacht), und gebe mir dafür einen Punkt.	. . . .
2	Ich habe mindestens drei offene Fragen gestellt (die nicht mit »ja« oder »nein« zu beantworten waren) und gebe mir dafür zwei Punkte zusätzlich.	. . . .
2	Ich habe mindestens dreimal die Ausführungen des anderen in Frageform rückgekoppelt und gebe mir dafür zwei Punkte zusätzlich.	. . . .
2	Ich habe die Bemerkungen des anderen positiv bekräftigt (durch »verständnisvolles« Zuhören, Nicken und zustimmende Bemerkungen) und gebe mir dafür zwei Punkte zusätzlich.	. . . .
2	Ich habe auch über meine eigene Meinung Auskunft gegeben und gebe mir dafür zusätzlich zwei Punkte.	. . . .

Ich habe den Versuch, ins Gespräch zu kommen, noch mehrfach wiederholt und kann mir für jeden Versuch bis maximal drei Durchführungen noch einmal die gesamte Punktzahl geben, also insgesamt 30 Punkte.

Ich suche im Kino während der Vorstellung von einem Randplatz aus die Toilette auf.

▶ ZIEL:

Sie lernen »öffentliche Beachtung« zu tolerieren.

▶ BEACHTEN SIE:

Die gefürchtete Missbilligung durch andere besteht oft nur in der eigenen Vermutung. Viel zu oft werden »dringende Bedürfnisse …« ganz grundlos zurückgestellt.

▶ RICHTLINIEN FÜR MEINE BEWERTUNG:

Punkte	Kriterien	Erreichte Werte
1	Ich habe die Übung ohne Entschuldigung durchgeführt.	. . . .
2	Ich habe mich in keiner Weise dabei verklemmt oder die Situation als peinlich empfunden.	. . . .
	Oder:	
	Ich habe die Übung mehrmals wiederholt.	. . . .

Ich habe die Übung mehrmals wiederholt.

81

Ich rufe im vollen Kino laut die Verkäuferin von Süßigkeiten, Eiscreme ... und frage nach dem Preis der Ware, ohne diese zu kaufen.

▶ ZIEL:

- Sie üben, sich gelassener der öffentlichen Beachtung auszusetzen.

- Sie bemühen einen Verkäufer und fühlen sich nicht genötigt, die Ware nur deshalb auch zu kaufen. (Sie finden es etwas zu teuer.)

▶ BEACHTEN SIE:

Informieren Sie sich vorher, in welchem Kino entsprechende Übungsmöglichkeiten bestehen.

▶ RICHTLINIEN FÜR MEINE BEWERTUNG:

Punkte	Kriterien	Erreichte Werte
2	Ich habe laut genug und deutlich gerufen und meinen Wunsch in einem ganzen Satz formuliert.	. . . .
2	Ich habe in angemessenem Ton nach dem Preis gefragt und dann freundlich abgelehnt, ohne mich zu entschuldigen.	. . . .

Sie besuchen eine Veranstaltung, um sich für eine spätere Rede vor der Gruppe zu informieren.

Sie wählen dabei ein Sachgebiet, das für Sie selbst neu ist und nützliche Informationen liefern kann. So können etwa Freizeitaktivitäten, parteipolitische, rechtliche, berufliche und soziale Fragen (Bürgerversammlungen, Mieterschutzbund, Gewerkschafts- oder Parteientreffen, kirchliche, städtische, studentische Organisationen, Freizeit- oder Sozialabende) für Sie selbst und für die Mitglieder der Gruppe interessant sein.

Erkundigen Sie sich zunächst telefonisch über Vereine und Versammlungen.

Achten Sie hierbei darauf, dass Sie sich mit den zuständigen Stellen weiterverbinden lassen.

Holen Sie dann Sachinformationen, etwa über Beitragsgebühren, Zielsetzungen, Ort, Zeit und Art der Veranstaltungen oder Versammlungen persönlich beim Vorstand ein. Lassen Sie sich schriftliches Material geben.

Besuchen Sie dann eine Versammlung und befragen sie mindestens drei Teilnehmer nach deren Erfahrungen mit dieser Organisation.

Notieren Sie anschließend Ihre Eindrücke von der Versammlung. So können Sie einen Vortrag vorbereiten, der echte Informationen für die anderen liefert.

Die Gruppe arrangiert eine Feier und probiert geselligkeitsförderndes Verhalten.

Die Gruppe bereitet die Feier gemeinsam vor und bemüht sich um einen geeigneten Raum. Jedes Gruppenmitglied überlegt sich Spiele und Aktivitäten, die echten Kontakt fördern. Dabei kommt es darauf an, es anders anzupacken, als es sonst üblich ist: bei den reinen Repräsentationspartys, den ausschließlichen, gesprächstötenden Tanztreffen, den »Saufabenden« und langweiligen Diskussionsrunden. Sie versuchen sich also von aufgezwungenen gesellschaftlichen Normen frei zu machen und wieder spontane Formen des zwischenmenschlichen Kontakts zu finden. Jeder Einzelne wird versuchen:

- seinen Platz oft zu wechseln
- mit möglichst allen ins Gespräch zu kommen
- eventuell eine neue Sitzordnung zu arrangieren
- zu lang dauernde ernste oder langweilige Gespräche zu unterbrechen und durch andere Aktivitäten abzulösen.

Hierfür eignen sich am besten Spiele, die alle Mitglieder in die Geselligkeit einbeziehen. Viele kennen noch solche Spiele aus ihrer Kindheit. Sehr lustig und zur spielerischen Überwindung der Angst vor körperlicher Nähe gut geeignet sind etwa:

»Hänschen, piep mal«: Die Gruppe sitzt im Kreis, einer in der Mitte hat ein Tuch vor den Augen, setzt sich auf den Schoß einer Person, die er erraten muss, und fragt »Hänschen, piep mal«. Der andere antwortet mit verstellter Stimme. Gelingt es, die Person herauszufinden, so übernimmt diejenige seine Rolle.

»Stuhl-Polonäse«: Die Stühle werden so aufgestellt, dass immer ein Stuhl weniger als Mitspieler im Kreis stehen. Die Mitspieler tanzen oder rennen um die Stühler herum; wenn die Musik aufhört, versucht jeder, einen Platz zu ergattern. Wer übrig bleibt, scheidet aus, entfernt gleichzeitig einen Stuhl und so weiter.

»Blinde Kuh«: Die Gruppe stellt sich in einem weiten Kreis auf. Einem Spieler werden die Augen verbunden. Er wird in die Mitte des Kreises gedreht, damit er nicht mehr weiß, wo die einzelnen stehen. Er muss dann tastend jemanden finden und zu erkennen suchen. Der richtig Benannte übernimmt anschliessend die Rolle des »Blinden«.

Sehr günstig, um alle Teilnehmer der Feier wieder zusammenzubringen, sind spielerische Tanzeinlagen, wie: Zu einer aufmunternden Musik werden alle Teilnehmer aufgefordert, einen Kreis zu bilden und im Kreis zu tanzen. Ein Spieler tanzt allein in die Mitte und wählt sich einen anderen aus dem Kreis, mit ihm in der Mitte herumzuhüpfen. Dann knien sich beide gegenüber und verabschieden sich durch zwei Küsschen auf die Wange. Der »Auserwählte« nimmt sich jetzt einen neuen Partner. Währenddessen tanzen die anderen im Kreis herum. Die Musik soll so lange wiederholt werden, bis alle einmal in der Mitte waren.

Zur Vorbereitung der nächsten Übung (84, Besuch eines Tanzlokals) wären auch »neckische« Tanzspiele günstig, wie Tanzen mit der Aufgabe, einen Apfel gegenseitig mit der Stirn beim Tanzen festzuhalten ...

▶ ZIEL:

- Sie bemühen sich aktiv um Geselligkeitsformen, die Spontaneität, Gemeinsamkeit und Nähe fördern.

- Sie setzen sich bewusst über die normorientierte Verwertung von »Geselligkeit« und »Spiel« (Leistung, Konsum, Prestige) hinweg. Sie entwickeln Alternative gegen monotone, passive und langweilige »Unterhaltung«.

- Sie überwinden die Angst vor körperlicher Nähe, Kontakt und öffentlicher Beachtung.

- Sie lernen, dass es möglich ist, Gäste einzuladen, ohne zuvor perfektionistisch und zwanghaft einer erwarteten Ablehnung vorbeugend zu begegnen.

▶ BEACHTEN SIE:

Diese Übung macht die Gruppe **gemeinsam**. Dies bedeutet, dass jeder jeden in der Entwicklung solcher Aktivitäten unterstützt und jeder alle einmal zu sich einlädt. Später sollen aus diesen Einladeübungen die Arbeitstreffen werden, in denen die Gruppenmitglieder die zeitintensiven Übungen des dritten Teiles in Hausaufgabe vertiefen.

84

Sie besuchen ein Tanzlokal.
Die Gruppe kann die Übung so gestalten, dass bei einer größeren Zahl von »Nichttänzern« zunächst in einer Wohnung oder an einem Ort, wo weniger Leute sind, einige Tanzbewegungen eingeübt werden (siehe vorige Übung 83). Die Übung sollte dann aber in einem vollen Tanzlokal durchgeführt werden.

- Sie fordern zunächst Mitglieder Ihrer Gruppe zum Tanzen auf und üben dabei kurze Gespräche.

- Sie fordern eine fremde Person zum Tanzen auf und beginnen ein kurzes Gespräch oder

- Sie bewegen sich alleine zur Musik.

▶ ZIEL

Sie tolerieren vermeintliche öffentliche Beachtung und körperliche Nähe. Sie üben Kontakt- und Ausdrucksverhalten.

▶ BEACHTEN SIE:

Tanzen ist eine wichtige soziale Aktivität. Unlust, Trägheit, »Nicht-Können« sind oft nur Ausdruck der Vermeidung von öffentlicher Beachtung und sozialem Kontakt.
Als soziale Handlung brauchen Sie die Regeln nicht krampfhaft zu beachten. Bewegen Sie sich einfach, wie es Ihnen Spaß macht. Tanzen kann aber auch als Ausdrucksform, die Bewegungsfreude vermittelt, viel mehr bedeuten. Für viele lohnt sich dann eine richtige Einübung (Kurs).

5.3 Zur Anwendung der Steuerungsprinzipien: Räumliche Distanz und körperliche Nähe als soziales Hinweiszeichen

Ebenso wie die Körpersprache, der Gang, die Haltung und der Blickkontakt eine Zu- oder Abwendung, zielbewusstes oder zögernd ausweichendes Verhalten, Selbstbewusstsein oder Unterwürfigkeit, Interesse oder Scheu direkt signalisieren, ist der räumliche Abstand vom anderen ein unmittelbarer Ausdruck für die Kontaktbereitschaft. Ein distanziertes Verhalten wirkt kühl; jemand, der immer auf Abstand bedacht ist, ist nicht sehr gesellig. Wenn ich jemanden nicht mag, rücke ich von ihm ab!

Andererseits gibt es eine erdrückende Nähe; Leute, die wie eine Klette an einem kleben, die Aufdringlichen und die Undistanzierten. Der Abstand vom anderen, die räumliche Distanz, weckt also, je nach der Enge oder Weite, andere (erlernte) Empfindungen.

Die Distanz dient als unterscheidendes Hinweiszeichen (diskriminativer Reiz) für unterschiedliche Konsequenzen. Nach wissenschaftlichen Untersuchungen kann die räumliche Entfernung vom anderen nach der unterschiedlichen Signalwirkung eingeteilt werden in:

- **Die intime Distanz oder der Körperkontakt**

Sinnliche Eindrücke, wie Spüren und Riechen des anderen, sind hier vorherrschend. In der privaten Atmosphäre ist dieser Abstand ein Signal für intimes Verhalten. In einer öffentlichen Situation kann es – plötzlich und absichtlich herbeigeführt – als Signal für aggressive Absichten verstanden werden.

Dort, wo sie in der Öffentlichkeit zwangsläufig auftritt, aber nicht beabsichtigt wird, erweckt sie Verlegenheit und Verwirrung. Sie werden sicher schon beobachtet haben, dass Leute, etwa beim Schlangestehen oder in der Straßenbahn, so tun, als würden die anderen nicht existieren.

- **Die Distanz im persönlich geführten Gespräch mit Bekannten: 0,5 bis 1 Metern Abstand vom anderen**

Diese Distanz ermöglicht es bereits, den anderen ohne Schwierigkeiten anzuschauen, aber auch die Ellbogen zu gebrauchen und mit vertrauter, gemäßigter Stimme zu sprechen. Sie eignet sich, je nach Situation, vor allem für ein persönliches Gespräch.

- **Die Distanz in formalen Gesprächssituationen** (etwa Geschäfte, Behörden)

Diese Distanz wird etwa auf 1 bis 2,5 Meter gewählt, wenn ein gegenseitiger Informationsaustausch ohne besondere Schwierigkeit geführt wird. Der Abstand wird, je nach Situation, auf 2 bis 3,5 Meter vergrößert, wenn es um wichtige Belange geht und ich die andere Person in ihren Reaktionen voll überschauen möchte.

- **Die öffentliche Distanz mit einem Abstand von über 3,5 Metern** kommt etwa bei Vorträgen in Frage und erfordert eine deutlichere, lautere und langsamere Sprechweise und einen formalen Sprechstil.

Diese vier räumlichen Distanzmaße sind kulturspezifisch; die genannte Signalwirkung gilt nur für unseren Kulturraum. Zudem sind diese Distanzklassen für jeden einzelnen, je nach seiner Lerngeschichte, unterschiedlich. Sie werden bei selbstunsicheren und kontaktgestörten Menschen verschoben sein: die gewählten Abstände sind größer. Distanzklassen, die andere als neutral empfinden, signalisieren bei Kontaktängstlichen eher Vertrautheit, Intimität und die damit verknüpfte Angst vor Ablehnung oder Blamage. Diese Ängste sollen durch die Übungen, »körperliche Nähe ertragen zu können«, überwunden werden.

Sie lernen, ohne diese Blockaden und ausschließlich unter Berücksichtigung der Situation, frei über diese Distanzklassen zu verfügen.

6.   Sechster Übungsabschnitt: »Behörden«

6.1   Verhaltensprobe

Bei diesen Übungen geht es darum, gelernte Unterwürfigkeit, Angst vor Ablehnung und Kritik zu überwinden und ein sicheres Auftreten zu erlernen. Sie sollen nicht einen Kreuzzug gegen alle Beamten oder Behörden führen. Sie wissen, dass viele Sachbearbeiter ihr Bestes tun und durch die – oft autoritäre – Struktur der Verwaltung nicht anders handeln können. Sie verschaffen sich Ihr Recht durch Beharrlichkeit und selbstbewusstes Auftreten. In einigen Fällen müssen Sie auf die zuständige übergeordnete Stelle (Abteilungsleiter, vorgeordnete Dienststelle oder Aufsichtsämter) zurückgreifen; in anderen erreichen Sie mehr mit freundlicher Überredung und dem gezielten Einsatz der Prinzipien sozialer Steuerung.
Dies leitet bereits zum nächsten Abschnitt der Therapie, der differenzierenden Anwendung selbstsicheren Verhaltens, über.

Für die Hausaufgaben ergibt sich hier eine neue Situation: Die meisten Übungen sind nicht mehr ohne weiteres in der Wirklichkeit nachstellbar. Sie suchen möglichst oft Behörden auf und probieren bei jeder passenden Gelegenheit das geübte Verhalten aus.

154

Sie klopfen in einer Behörde an die Tür.
Es kommt keine Antwort. Sie öffnen die Tür. Der Beamte fordert Sie etwas barsch auf, noch zu warten.

Sie sagen, dass Sie sehr in Eile sind (Termin haben, im Halteverbot stehen …). Sie wollen nur wissen, ob Sie hier an der richtigen Stelle sind, ob er zuständig ist für Berufsberatung, Rückerstattung von Therapiekosten, Lohnsteuerberatung …

Sie werden nach kurzer Wartezeit schnell bedient.

▶ ZIEL:

Wenn Sie in Behörden warten müssen, vergewissern Sie sich vorher, ob das Büro überhaupt besetzt ist und ob der Beamte für Ihr Anliegen zuständig ist.

▶ BEACHTEN SIE:

- Laut klopfen, mindestens zweimal.

- Tür ganz öffnen und ohne zu zögern auf den Beamten zugehen.

- Bringen Sie Ihr Anliegen klar und präzise vor. Bestehen Sie auf einer kurzen Auskunft, die Ihnen weiterhilft.

- Lassen Sie sich nicht durch Bemerkungen wie: »Sehen Sie nicht, dass ich beschäftigt bin?« abschütteln.

Sie stehen längere Zeit Schlange. Jemand will sich vordrängen. Sie protestieren laut und weisen ihn zurück.

Sie haben ein schon ausgefülltes Formular nur noch abzugeben. Es steht eine lange Schlange.

Sie gehen ohne Entschuldigung gleich zum Schalter und erledigen die Sache.

▶ ZIEL:

dieser beiden Übungen ist es, zwischen einem rücksichtslosen Verhalten, gegen das Sie sich wehren, und einem berechtigten Anliegen, das Sie wahrnehmen, zu unterscheiden.

▶ BEACHTEN SIE:

Murmeln Sie Ihren Protest nicht vor sich hin. Schauen Sie dem anderen in die Augen und sagen Sie laut und energisch, dass Sie vor ihm an der Reihe sind.

Sie wurden in eine falsche Lohnsteuerklasse eingestuft, ein Antrag wurde aus nichtigen Gründen abgelehnt oder Ähnliches. **Sie wollen den Beamten davon überzeugen, dass Sie im Recht sind.** Hinter Ihnen bildet sich eine lange Schlange. Die Leute werden etwas ungeduldig. Der Beamte wird nervös und reagiert barsch. Sie sagen: »Bitte, bearbeiten Sie mein Anliegen jetzt. Ich habe alle Unterlagen ordnungsgemäß ausgefüllt.« Der Beamte meint, Sie sollten noch mal zurückkommen, er habe jetzt keine Zeit dafür. Sie sagen aber bestimmt: »Schließlich liegt der Fehler nicht bei mir. Ich habe keine Lust, noch mal hierher zu kommen. Ich möchte Sie bitten, die Sache jetzt zu klären.« Die Gruppe hinter Ihnen rumort. Der Beamte will Recht behalten, er hat jetzt völlig auf stur geschaltet und sagt: »Der nächste, bitte.« Sie lassen sich aber nicht abschütteln und sagen: »Ich werde nicht eher hier weggehen, bis mein Anliegen erledigt ist. Wenn es nun wirklich nicht anders geht, **bitte rufen Sie Ihren Vorgesetzten**.« Dieser kommt und veranlasst, dass Ihr Anliegen sofort bearbeitet wird.

▶ ZIEL:

Lernen, sich auch gegen stärkere Widerstände durchsetzen zu können.

▶ BEACHTEN SIE:

- Wiederholen Sie ständig Ihr Anliegen klar und präzise.

- Sagen Sie etwa: »Ich möchte darauf bestehen, dass Sie mein Anliegen jetzt bearbeiten.«

- Sprechen Sie bestimmt und stets in der Gegenwartsform.

- Es ist hier nötig, den Vorgesetzten kommen zu lassen. Bringen Sie Ihr Anliegen sachlich vor.

- Unter keinen Umständen auf die Bemerkungen der Gruppe hinter Ihnen eingehen. Auch wenn Sie persönlich angesprochen werden: reagieren Sie nicht! Ihre Position würde nur schwächer, wenn Sie sich mehreren »Gegnern« gleichzeitig stellen.

Sie beschweren sich in einer Behörde. Ihre Unterlagen (Reisepass, Führungszeugnis …) wurden zwar ordnungsgemäß bearbeitet, **der Beamte** ist aber unhöflich und **beleidigt Sie.** Sie sagen sehr energisch: »Wie reden Sie überhaupt mit mir? Ich verbitte mir diesen Ton!«

Der Beamte wendet sich wieder seiner Arbeit zu und murmelt etwas. **Jetzt sagen Sie sehr bestimmt:** »Jetzt reicht es aber, **ich bestehe darauf, dass Sie sich entschuldigen.«**

Der Beamte ruft: »Auch das noch! Jetzt werden Sie bloß nicht noch frech!«

Jetzt verlangen Sie sehr ruhig nach dem Vorgesetzten des Beamten. Der Beamte will Sie abwimmeln und sagt, dieser sei in einer Sitzung … Sie bestehen darauf, den zuständigen Stellvertreter sprechen zu können. Dieser wird gerufen.

Sie ergreifen sofort das Wort, indem Sie sagen: »Guten Tag, mein Name ist … und …« Sie erklären ihm, was vorgefallen ist.

Der Chef entschuldigt sich und erklärt die Gereiztheit des Beamten durch Personalmangel.

▶ ZIEL:

Sie werden grundlos beleidigt. Ärgern Sie sich nicht innerlich, sondern **zeigen** Sie Ihren Ärger und bestehen Sie auf einer Klärung der Situation.

▶ BEACHTEN SIE:

- Sie sollten hierbei aber nicht zu laut oder aggressiv werden. Lernen Sie den Unterschied zwischen Bestimmtheit (ich möchte, ich bestehe darauf …) und Aggression (Gegenvorwürfe, Beschimpfungen) in Ihrem Verhalten auszudrücken. Bestimmtheit hilft weiter, Aggression zeigt Hilflosigkeit.

- Wenn der Vorgesetzte hinzukommt, stellen Sie sich mit Namen vor und reden als Erster.

- Schildern Sie den Vorgang sachlich.

- Sprechen Sie hauptsächlich über sich (»Ich will das nicht akzeptieren«, »ich möchte …«).

- In der Realität notfalls Personalien des Beamten erfragen und eine Dienstaufsichtsbeschwerde ankündigen

In dieser Übung setzen Sie sich mit einem Polizisten auseinander.

Ihnen wird vorgeworfen, Sie seien beispielsweise bei »Fußgänger rot« über die Straße gegangen, Sie seien bei Anbruch der Dunkelheit ohne Licht mit dem Fahrrad gefahren oder Sie seien mit dem Auto zu schnell gefahren. Ein Polizist kündigt Ihnen darauf eine gebührenpflichtige Verwarnung an. Sie sind anderer Meinung, widersprechen deutlich und bestreiten sehr bestimmt seine Angaben, verlangen Beweise …

Der Beamte ist aber besonders stur und will unbedingt, dass Sie zahlen. Er verlangt Ihre Papiere und stellt ein Strafmandat aus.

Sie bestreiten weiter jede Schuld und bitten jetzt den Beamten um seine Karte. Vergleichen Sie Name, Revier, Behörde auf den Papieren mit der Anzeige. Sie behalten sich den Rechtsweg vor.

▶ ZIEL:

- Diese Übung soll eine übertriebene Angst vor Autoritätspersonen beeinflussen. Sie sagen nicht mehr zu allem »Ja und Amen«, sondern lernen, auch in solchen Situationen Ihre eigene, andere Meinung ohne »Zittern« zu vertreten.

- Manchmal könnte zwar »freundliche Unterwürfigkeit« (Entschuldigungen, um Verständnis bitten …) mehr »Erfolg« bringen. Eine solche Strategie sollten Sie aber erst dann benutzen, wenn Sie Ihr Vermeidungsverhalten ganz überwunden haben, das heißt, wenn Sie sich nicht mehr aus Angst unterwerfen müssen.

▶ BEACHTEN SIE:

- Langsam und deutlich sprechen.

- Stur Argumente wiederholen, wie: »Ich bin damit nicht einverstanden.«

- Vergleichen Sie gründlich, machen Sie sich notfalls Notizen über Namen, Kartennummer des Polizisten, Ort und Zeit.

- Lassen Sie keine Zweifel darüber aufkommen, dass Sie notfalls den Rechtsweg beschreiten. Sie könnten etwa sagen: »Nur gut, dass ich eine Rechtsschutzversicherung habe.«

Sie bewegen einen Beamten durch freundliche Überredung zu einer bevorzugten Bearbeitung Ihres Anliegens.

Hierbei könnte es sich um eine schnellere Bearbeitung von Anträgen auf Steuerrückerstattung, Renten, Beihilfen, Krediten und deren Auszahlung handeln, oder Sie lassen sich Rechnungen der Stadtwerke stunden, günstige Tarife einräumen usw. ... Solche Entscheidungen lassen zumeist einen Ermessensspielraum des Sachbearbeiters zu. Sie sind in einer wirklichen Zwangslage, in der man Ihnen entgegenkommen kann oder auch nicht.

Sie grüßen freundlich, schildern etwa eine Notlage, vor allem aber appellieren Sie an die Sachkenntnis und Befugnis des anderen. Sie verstärken gezielt jede entgegenkommende Äußerung und löschen Einwände.

Der Beamte fühlt sich in seiner Kompetenz bestärkt und zeigt sich großzügig: Er kommt Ihrem Anliegen nach.

▶ ZIEL:

- In dieser Situation üben Sie die Anwendung der Prinzipien von positiver Verstärkung und Löschung wie bei den Kontaktübungen. Hier verstärken Sie nur Äußerungen des anderen, die in Richtung des gesetzten Zieles liegen.

- Sie lernen zu unterscheiden, welche Verhaltensweisen Sie verstärken und welche Sie löschen wollen.

▶ BEACHTEN SIE:

- Sie verstärken die Äußerungen des anderen etwa durch körperliche Zuwendung und Blickkontakt, zustimmendes Kopfnicken, Kommentare wie: »Richtig«, »Hmm ...«, »da haben Sie ganz Recht«, »sicherlich ...«

- Heben Sie Äußerungen, die Sie weiterführen, besonders hervor, etwa: »Sie sagten vorhin, dass es prinzipiell möglich sei ...« »Sie meinten, dass Sie solche Fälle schon mal gehabt haben.« (Bei Hinweis auf Warteliste und viel Arbeit sagen Sie etwa: »Sie haben aber doch sicher auch Dringlichkeitsfälle. Sie wissen ja, was davon abhängt.«)

- Sie löschen etwa durch Blick in Ihre Unterlagen, durch keinerlei sprachliche Reaktion, wenn zu langatmige Schilderungen über ähnliche Fälle oder Privates erfolgen oder wenn Einwände oder Hinweise auf Schwierigkeiten gegeben werden.

- Sie führen das *Gespräch aktiv wieder zum Thema zurück*, blicken plötzlich aus Ihren Unterlagen auf und sagen etwa: »Sie sagten doch ..., könnte man da nicht ...«

Sie halten einen **Vortrag vor einem größeren Zuhörerkreis.** Der Vortrag dauert fünf Minuten, anschließend führen Sie für fünf Minuten die Diskussion. Auf das Thema des Vortrags haben Sie sich gut vorbereitet. Sie berichten über Vereine, Parteiveranstaltungen, Organisationen, worüber Sie sich speziell informiert haben (Telefonauskünfte, Besuch). Sie schildern kurz, was Sie dort erlebt haben, und berichten über wissenswerte Einzelheiten wie Anmeldungsbedingungen, Kosten, Satzungen.

Sie reden frei, Stichwortzettel ist erlaubt. Während der Rede unterbrechen Sie kurz. Sie sagen etwa: ich muss hier unterbrechen. Vielleicht bereiten Sie sich schon auf die Diskussion vor und verlassen den Raum für kurze Zeit. Dann fahren Sie ohne Erklärung in der Rede fort. Sie üben, einzelne Sätze an die Tafel langsam anzuschreiben oder etwas zu zeichnen. Wenn es Ihnen noch wichtig ist, probieren Sie dabei lieber den Umgang mit Fehlern als zwanghaft auf Richtigkeit zu achten. Versprechen oder verschreiben Sie sich und machen dann mit der Pause Ihre »Zulassungstechnik« und Verlangsamung.

Die Zuhörer (die Gruppe und Angehörige, Freunde oder Mitpatienten) spenden Beifall und stellen in der Diskussion auch Fragen, auf die Sie manchmal keine Antwort wissen. Sie sagen dann einfach: »Diese Frage kann ich nicht beantworten«, ohne verlegen nach Ausflüchten zu suchen. Diese präzise und gerade Art zu informieren überzeugt die Zuhörer mehr als verwirrendes Drumherumreden und ist für Sie viel einfacher.

▶ ZIEL:

- Es wird Ihnen zunehmend gleichgültiger, in der Öffentlichkeit zu reden.

- »Fehler« zu machen oder etwas nicht zu wissen ist kein schmachvolles Versagen: Stehen Sie dazu, Sie können es sich erlauben.

▶ BEACHTEN SIE:

- Reden Sie langsam, bringen Sie die Sachinformation sehr deutlich und verständlich. Besonders bei Zahlenangaben oder Ähnlichem schauen Sie in Ihrem Notizblock nach. Schreiben Sie diese gegebenenfalls an eine Tafel.

- Bei dieser Rede wollen Sie nur Ihre eigenen Erfahrungen mitteilen und den anderen eine nützliche Information geben. Die Gruppe und gegebenenfalls die Angehörigen möchten sich über Freizeitaktivitäten oder anderes Nützliches informieren.

6.2 Zur Entwicklung von »Hausaufgaben« (Anwendungs- strategien) im Übungsabschnitt »Behörden«

Für viele ist die »Behörde« zu einem undurchschaubaren Eigenwesen geworden, wo in einem Dickicht von wechselnden Zuständigkeiten uninteressierte oder selbstherrliche Beamte über unsere Belange entscheiden – und dies als verlängerter Arm von staatlichen, städtischen oder wirtschaftlichen Machtinstanzen, an deren Entscheidung der Einzelne ja doch nichts ändern kann. Viele haben seit ihren ersten Erfahrungen mit solchen Instan- zen eine Art Resignation entwickelt und liefern sich dem jeweiligen Sachbearbeiter hilf- los aus. Das wiederum kann die »Selbstherrlichkeit« einzelner Beamter fördern.

Bei diesen »Hausaufgaben« müssen Sie sich erstmals näher mit der sozialen Funktion und Struktur von Organisationsformen und der »Rolle« des Einzelnen in diesem Appa- rat auseinandersetzen. Wiederholen Sie hierzu auch in Teil I des ATP die Abschnitte »Die funktionale Bedeutung des Einzelnen und die Rollenvorstellung« sowie »Die Ver- fügbarkeit von Lohn und Strafe und die reale Macht«.

6.2.1 Was sind Behörden: Die verliehene Macht

Als Behörden wollen wir alle Ämter oder Dienststellen ansehen, die unter Berufung auf eine Machtinstanz – zumeist den Staat – für Sie wichtige Belange verwalten. Verwalten heißt ja eigentlich im Auftrag von anderen tätig zu werden. Zu diesen anderen gehören, nach einer Grundidee des Staates als Verwalter der Interessen aller, seine Bürger, auch Sie selbst. Theoretisch delegieren Sie die Verwaltung eigener Interessen an Ihnen mehr oder weniger genehme Parteien oder Einzelpersonen in Form einer Wahlentscheidung, prak- tisch finanzieren Sie als Steuerzahler immer den verwaltenden Machtapparat mit. Es ist bei der Durchführung der »Hausaufgaben« manchmal nützlich, sich daran zu erinnern, dass der Polizist, der Beamte oder Pförtner einer Behörde, theoretisch auch in Ihrem Interesse handeln sollte und praktisch von Ihnen mitbezahlt wird.

6.2.2 Was Behörden verwalten

Die Forderungen des Apparates an den Einzelnen und die Interessen des Einzelnen am Apparat

Die meisten »Kontakte« mit Behörden entstehen einseitig durch die Forderungen, Aufla- gen und Kontrollen des Amtes an Sie. Das Finanzamt, die Polizei oder das Gericht wol- len vorwiegend etwas von Ihnen. Hier liegt Ihr Interesse meist in der Wahrung Ihrer Rechte gegen unberechtigte Übergriffe. Beim Einwohnermeldeamt, dem Standesamt, Gewerbeaufsichtsamt, bei Konsulaten, beim TÜV wollen Sie meist etwas, was Ihnen als Auflage zu Kontrollzwecken vom Apparat her gemacht wurde: Sie brauchen das Papier von der Behörde, weil die Behörde es von Ihnen verlangt. Es ist Ihr gutes Recht, dass

Ihnen hieraus keine unnötige Schikane erwächst, oder gar, dass Sie persönlich als Bittsteller auftreten müssen.

Bei der Post, den Stadtwerken, den Versicherungen werden Dienstleistungen gegen vorwiegend direkte Zusatzbezahlungen von der verwaltenden Macht für Sie erbracht: Hier besteht schon gar kein Anlass, sich von mürrischen, schlecht informierten oder selbstherrlichen Beamten mit unzureichenden Auskünften abspeisen zu lassen. Es wird bei den »Hausaufgaben« darum gehen, die für Sie günstigste Art der Dienstleistung zu ermitteln.

Schließlich gibt es auch direkte, nur steuerfinanzierte Dienste der verwaltenden Macht (Staat, eventuell indirekt über Kirche oder Partei, Gemeinde-, Stadt-, Kreis- oder Landesverwaltungen) am einzelnen Bürger. Dazu gehören das Sozialamt, das Bildungs- und Kulturreferat, das Jugendamt, die Schul- und Gesundheitsbehörden, das Wohnungs- und Arbeitsamt. Eine Fülle kleiner Dienststellen, meist auf Gemeindeebene, bietet zusätzliche Hilfe an, wie städtische Wohnungsvermittlung, eventuell auch über das Liegenschaftsamt, Drogenberatungsstellen, Kliniken, Kindergärten, Freizeitheime ... Referenten für Härtefälle haben unmittelbare Möglichkeiten für die ausgleichende Verteilung des Steueraufkommens.

Solche Möglichkeiten müssen eben erst herausgefunden werden. *Diese* Behörden treten nicht an Sie heran. Gerade Menschen, die solche Dienste am nötigsten hätten, finden – zum Teil aus Unkenntnis, zum Teil wegen ihrer erlernten Angst vor dem Umgang mit Behörden oder einer falschen Einschätzung der Situation, etwas geschenkt zu bekommen – kaum den Weg dahin. Es wird darauf ankommen, solche Stellen ausfindig zu machen. Bei den »Hausaufgaben« wird also die genaue Information für die Gruppe, die eventuelle Nutzung zutreffender Hilfsmöglichkeiten für sich selbst und eine zwar freundliche, aber nicht demütig bittende Verhaltensweise Übungsziel sein.

6.2.3   Die Struktur von Behörden: Zuständigkeiten und Entscheidungsabläufe

Vom Prinzip der Machtweitergabe her gibt es bei den Behörden immer eine bestimmende Macht und eine ausführende Instanz. Die bestimmende Macht, die Regierung, der Landrat, der Bürgermeister, der Vorsitzende, beruft sich dabei zumeist auf die »Verleihung« der Macht durch die Mehrzahl der Bürger und damit auch durch Sie selbst. Dieser komplizierte Weg von Machtdelegationen ist dem Einzelnen kaum jemals bewusst. Zuständig ist für die Schreibkraft der Sachbearbeiter, für diesen wiederum der Abteilungsleiter, für diesen ein Direktor und für den Direktor wieder ein Direktor und so weiter. Der »Untergeordnete« empfängt von dem nächsthöheren Funktionsträger seine Aufträge, diesem gegenüber muss er seine Arbeit rechtfertigen. Da dieser die Arbeit des Untergeordneten beurteilt, wird seine Entscheidung für die Sicherheit des Arbeitsplatzes und das Weiterkommen wichtig sein.

Wenn Sie Auskünfte einholen, wenden Sie sich am besten direkt an einen der Amtsleiter. Wenn Sie unhöflich, schikanös oder unsachgemäß behandelt werden, wenden Sie sich an den nächst Zuständigen, den unmittelbaren Vorgesetzten. Wenn auch dieser Ihre gerechten Forderungen nicht erfüllt, sollten Sie einen Sprung in der Vorgesetztenleiter zum Chef der Behörde (etwa in schriftlicher Form) erwägen.

Häufig ist dieser Weg aber nicht effektiv, da der Leiter einer Dienststelle als »Verantwortlicher« eher dazu neigen wird, »seine« Leute zu decken. Durch Beharrlichkeit werden Sie aber eine größere Chance haben, zu Ihrem Recht zu kommen, als wenn Sie gleich klein beigeben würden.

Die »nächste Instanz« für die Durchsetzung seiner berechtigten Anliegen zu wählen ist gar nicht so einfach. Nun hat ja jede Behörde wieder eine übergeordnete Dienststelle. Diese könnte bei kommunalen Einrichtungen der Oberbürgermeister, bei Gemeinden der Landrat und so fort sein. Vielfach gibt es spezielle Aufsichtsämter, wie das Gewerbeaufsichtsamt (siehe Übungsabschnitt Lokale), das Bundesaufsichtsamt in Berlin für Versicherungen …, die direkt für Ihre Beschwerden zuständig sind und mit Aussicht auf Erfolg eingeschaltet werden können. Bei Ihren Hausaufgaben sollten Sie auch darüber gezielte Informationen einholen, um solche Instanzen gegebenenfalls einschalten zu können.

6.2.4 Die Rolle oder Funktion des einzelnen Beamten

In Bezug auf Ihr Anliegen lässt sich jetzt schon aus verschiedenen Gesichtspunkten abschätzen:

- *Die Funktion des Amtes:* Die Behörde will etwas von Ihnen, zum Beispiel Steuern; Sie verlangen von der Behörde etwas, das Sie eben durch deren Auflagen beibringen müssen (etwa Ausweise, Bescheinigungen); die Behörde gibt Ihnen etwas gegen Bezahlung (zum Beispiel Stadtwerke); die Behörde hat Ihnen etwas anzubieten (etwa Sozialamt, Kostenrückerstattungen, Ermäßigungen).

- *Die Struktur des Amtes:* Der Beamte, mit dem Sie verhandeln, ist ziemlich abhängig von mehreren Vorgesetzten und Vorschriften, oft aber ist er selbst Vorgesetzter und »Vorschreibender«. Im Verhältnis zu Ihnen glaubt er derjenige zu sein, »der etwas zu vergeben« hat. Sie, als Publikum, sind für ihn ohne unmittelbare Machtbefugnis, oft aber seine einzig verfügbare Anerkennungsquelle (etwa durch Machtausübung oder, wenn er das Gefühl hat, jemandem geholfen zu haben). Andererseits aber kann Ihr Vorsprechen für ihn nur negative Konsequenzen bedeuten: Ihr Fall bringt Arbeit mit sich, Sie stören ihn bei seiner Mittagspause, durch Ihre zusätzlichen Forderungen machen Sie die Sache kompliziert.

Es ist wichtig, sich über solche mutmaßlichen Erwartungsmuster von anderen Gedanken zu machen. Dazu hilft bei Vertretern einer Behörde die Analyse der steuernden Bedingungen innerhalb der Organisationsform. Die Kenntnis solcher Erwartungen soll zur besseren Einschätzung der eigenen Wirkung auf den anderen und zum gezielteren Einsatz von Strategien sozialen Handelns führen. Es soll nicht unbedingt zur Anpassung an diese Erwartungen führen. Gerade die Anpassung an die unreflektierten Erwartungen (macht- und strafausübende Obrigkeit) führt ja zur Unterlassung selbstsicheren Verhaltens. Sie nähern sich unterwürfig, ängstlich oder bescheiden. Sie bekräftigen möglicherweise Selbstherrlichkeit und Arroganz des anderen. Sie bestärken den Beamten durch Ihr Fehlverhalten in dem negativen Klischeebild, geben ihm damit keine alternative Handlungsmöglichkeit.

Sie können dies jetzt ändern helfen: Bei den »Hausaufgaben« üben Sie, selbstbewusst und sicher aufzutreten. Sie lassen keinen Zweifel daran, dass Sie ein berechtigtes Anliegen vertreten, und dies an einer Stelle, die eben zur Erfüllung dieses Anliegens eingerichtet wurde. Sie bekräftigen gezielt sozial kompetentes Verhalten des anderen, indem Sie es selbst aussenden. Sie wissen aber auch in Fällen von Machtmissbrauch organisationsspezifische Abhilfemethoden anzuwenden.

6.2.5 Gestaltung der Hausaufgaben

Sie wissen jetzt, worauf es bei der Gestaltung der Hausaufgaben »Behörden« ankommt:

- Informationen zu erhalten.
- Berechtigte Anliegen durch sicheres und bestimmtes Auftreten durchsetzen zu können.
- Die Handlungsstrategie gemäß der sozialen Diagnose der Situation anpassen zu können (etwa auch freundliche Überredung zu üben).
- Den Beschwerdeweg dann effektiv zu beschreiten, wenn Ihnen unbillige Behandlung zuteil wird und Sie die Situation nicht selbst lösen können.

Unter diesen Gesichtspunkten führen Sie Ihre Hausaufgaben jetzt durch.

93

Sie ziehen **telefonisch Auskünfte** über kommunale oder staatliche Einrichtungen mit »Unterstützungscharakter« ein.

94

Sie lassen sich **telefonisch die genaue Zuständigkeit** und den **Beschwerdeweg in einem Amt** mit »Kontrollcharakter« **erklären.**

95

Sie gehen zusammen mit ein oder zwei Gruppenmitgliedern zu wenigstens zwei Büros von Ihnen wenig bekannten **Parteien oder Gewerkschaften und lassen sich über die Ziele, Mitgliedsbedingungen und Leistungen aufklären.** Sie berichten der Gruppe über Ihre Erfahrungen.

Sie üben Widerspruch, indem Sie zusammen mit ein oder zwei Gruppenmitgliedern **zu einer Partei gehen, die Sie nicht wählen** würden. Versuchen Sie, Ihr Gegenüber möglichst oft zu unterbrechen und dabei **kritische Fragen** zu stellen. Äußern Sie auch Widerspruch, indem Sie etwa sagen: »Ich bin da nicht Ihrer Meinung …« Berichten Sie über Ihre Erfahrungen in der Gruppe.

Sie besuchen wenigstens drei unterschiedlich strukturierte Ämter und versuchen, ein Anliegen durchzusetzen.
Sie könnten etwa »endlich mal« ein anderes Wohnungsangebot, Tarifprobleme bei den Stadtwerken, genaue Beratung beim Finanzamt, eine Information über Freizeiteinrichtungen … einholen.
In der Behörde versuchen Sie nach Möglichkeit, alle Übungen aus der Verhaltensprobe auch in der Realität anzuwenden (Tür einfach öffnen, nach Zuständigkeit fragen, an einer Schlange vorbeigehen, um mal eben was zu fragen oder abzugeben, sich nicht abwimmeln lassen). Versuchen Sie, Ihr Ziel bestimmt oder mit freundlicher Überredung optimal zu erreichen. Sie berichten der Gruppe darüber.

Sie sprechen einen Polizisten auf seine Tätigkeit hin an. Er könnte etwa gerade Strafzettel für Parksünder ausschreiben. Sie fragen ihn, wie viele Strafmandate er am Tag ausschreibt, ob er sich davon Erfolg verspricht, ob es nicht andere Lösungen gäbe, wie er sich eigentlich seinen Einsatz als Polizist sinnvoll vorstellt …

Achten Sie auf einen sachlichen Tonfall. Beginnen Sie Ihr Gespräch beiläufig, führen es aber kritisch, ohne aggressiv zu werden, denn Polizeibeamte haben es als ausführende Macht oftmals schwer, zwischen delegierter Macht (auch von Ihnen) und ihrer persönlichen Macht zu unterscheiden. Dieses Missverhältnis zwischen delegierter Funktion und gezeigtem Verhalten wird ja zum Teil durch die bedingungslose Unterwerfung unkritischer Bürger gefördert und bekräftigt. Dazu kommt, dass die Kontrolle der Machtausübung eben wieder der gleichen Behörde obliegt. Da auch funktionell zwischen der rechtsprechenden Instanz und dem ausführenden Polizeiapparat enge Beziehungen herrschen, ist selbst der Rechtsweg nicht immer erfolgreich. Dies ist eine Situation, wo soziale Probleme nicht sinnvoll kurzfristig und im Alleingang gelöst werden können. Auch in solchen Fällen brauchen Sie nicht im Zustand der Ohn(e)macht zu verharren und auf soziale Kompetenz zu verzichten. Für einen mündigen Bürger bestehen genügend Möglichkeiten, sich durch gesellschaftspolitische Aktivitäten mehr als bislang durch die bloße Stimmabgabe bei Wahlen um seine delegierte Macht zu kümmern.

Soziales Handeln ist immer auch politisches Handeln. Sie erlernen die Bedingungsanalyse zwischenmenschlicher Probleme und sozialer Strukturen. Sie diagnostizieren sorgfältiger. Sie verlernen handlungsblockierende Ängste und senden neu gelerntes Verhalten aus. Sie stellen selbst Ansprüche. Sie beeinflussen das Verhalten anderer bewusster und gezielter als bisher. Sie greifen aktiv in soziales Geschehen ein. Sie lassen sich selbst nicht mehr wehrlos beeinflussen. Sie stellen Anforderungen in Frage und weisen unbilliges Ansinnen oder Übergriffe zurück.

D

Die Zwischenbilanz

Sie haben jetzt den Grundkursus des ATP abgeschlossen. Füllen Sie nun die restlichen Arbeitsblätter für die Zwischenmessung aus. Die Auswertung durch Ihren Therapeuten kann Ihnen bei der Orientierung über Ihren »Halbzeit-Stand« helfen.

Sie hatten Gelegenheit, sich im vorbereitenden Teil zur Therapie über die theoretischen Grundlagen der Entstehung und Ursachen Ihrer sozialen Schwierigkeiten zu informieren (Teil I).

Sie konnten im ersten Teil der Therapie Ihre Vermeidungshaltung überwinden. Sie haben aktiv am Abbau Ihrer sozialen Ängste und Hemmungen in vorwiegend öffentlichen Situationen mitgewirkt und die grundlegenden Lernprinzipien in ihrer praktischen Anwendung kennen gelernt. Sie haben die ersten Schritte vom nachvollziehenden Üben zum selbstständigen Anwenden gemacht.

Bleiben Sie jetzt nicht auf halbem Wege stehen. Sie haben die Voraussetzungen für soziales Handeln gelernt. In einem relativ störfreien Rahmen konnte jeder die sozialen Grundfähigkeiten für sich selbst aufbauen. Bisher ging es vorwiegend um das, was Sie anderen gegenüber tun. Im nächsten Teil steigen die Schwierigkeiten in den vier Bereichen des ATP nach dem Status des Bezugspartners und der Komplexität der sozialen Situation an. In länger dauernden sozialen Interaktionen ist es zwar Voraussetzung, zur Lösung sozialer Probleme über ein selbstbewusstes Verhalten verfügen zu können – es ist jedoch nicht ausreichend. Hier müssen Sie lernen, in komplexen sozialen Beziehungen das Verhalten und die Funktion anderer Menschen wahrzunehmen und sinnvoll in eigene Handlungsstrategien einzuordnen. Zwischenmenschliche Verständigung, echte Kommunikation und Übereinkünfte sind immer zweiseitig. Hier wird der Unterschied zwischen reiner Selbstbehauptung als einseitiges Durchsetzen und einem auf Selbstvertrauen beruhenden, sozialkompetenten Handeln deutlich. Erst die soziale Diagnose und die Fähigkeit zur Konfliktlösung machen Ihr bisher Gelerntes zu echtem sozialem Handeln.

E

Anhang

Arbeitsblatt Nr. 1

Fehlschlagangst-Fragebogen (FAF)

Die Liste enthält einige soziale Situationen, die für Sie mehr oder weniger unangenehm sein können.
Das unangenehme Gefühl wollen wir hier als Angst oder Furcht bezeichnen.

Sie denken sich vor jeder der Situationen den Satz: Ich habe Angst vor ... oder davor ... (etwa rot zu werden) und kreuzen dann rechts die zutreffende Zahl (nicht die Zwischenräume) an.

Dabei bedeutet

0 = gar nicht	1 = ein wenig	2 = schon deutlich
3 = mittelmäßig, die Situation würde ich nicht unbedingt aufsuchen	4 = stark, die Situation würde ich am liebsten vermeiden	spürbar
		5 = sehr stark, die Situation würde ich unbedingt vermeiden

Beispiel: Sie neigen dazu, in vielen Situationen zu erröten, und diese Reaktion ist Ihnen sehr peinlich.
Unter der Situation (ich habe Angst vor ...) »dem Erröten« würden Sie dann ankreuzen:
0 – 1 – 2 – 3 – 4 – ☒

Denken Sie nicht allzu lange nach, ob es nun immer zutrifft oder nicht – schätzen Sie Ihr unmittelbares Gefühl in solchen Situationen ein. Lassen Sie bitte keine Frage aus und bearbeiten Sie das Blatt in einem Zug.

Ich habe Furcht (Angst) vor (davor):

	gar nicht				sehr stark	

1. in der Öffentlichkeit zu sprechen . . . . 0 – 1 – 2 – 3 – 4 – 5

2. Prüfungssituationen . . . . 0 – 1 – 2 – 3 – 4 – 5

3. im Leben zu versagen . . . . 0 – 1 – 2 – 3 – 4 – 5

4. Misserfolg im Beruf
   (Studium, Hausarbeit, Schule) . . . . 0 – 1 – 2 – 3 – 4 – 5

5. Misserfolg beim anderen Geschlecht . . . . 0 – 1 – 2 – 3 – 4 – 5

6. einen Raum zu betreten, in dem
   andere bereits sitzen . . . . 0 – 1 – 2 – 3 – 4 – 5

7. Fremden . . . . 0 – 1 – 2 – 3 – 4 – 5

8. Autoritätspersonen . . . . 0 – 1 – 2 – 3 – 4 – 5

9. bei der Arbeit beobachtet zu werden . . . . 0 – 1 – 2 – 3 – 4 – 5

10. Kritik anderer . . . . 0 – 1 – 2 – 3 – 4 – 5

11. dem Gefühl, von anderen abgelehnt
    zu werden . . . . 0 – 1 – 2 – 3 – 4 – 5

12. selbst Fehler zu machen . . . . 0 – 1 – 2 – 3 – 4 – 5

13. dem Gefühl, von anderen nicht anerkannt
    zu werden . . . . 0 – 1 – 2 – 3 – 4 – 5

14. von anderen nicht beachtet zu werden . . . . . . 0 – 1 – 2 – 3 – 4 – 5

15. dumm auszusehen . . . . 0 – 1 – 2 – 3 – 4 – 5

16. die Selbstkontrolle zu verlieren . . . . 0 – 1 – 2 – 3 – 4 – 5

17. die Verantwortung zu übernehmen . . . . 0 – 1 – 2 – 3 – 4 – 5

18. schriftlichen Prüfungen . . . . 0 – 1 – 2 – 3 – 4 – 5

19. in einer Gesellschaft unpassend gekleidet
    zu sein . . . . 0 – 1 – 2 – 3 – 4 – 5

20. die Gefühle anderer zu verletzen . . . . 0 – 1 – 2 – 3 – 4 – 5

Zählen Sie die jeweils angekreuzten Punktwerte
für die Situationen 1–20 zusammen und tragen
Sie die Summe in das Kästchen ein.

Summe der Punktwerte : . . . .

Punktwert: Messanlass:

. . . .

Die theoretisch möglichen Punkt-Werte schwanken zwischen 0 und 100. Sozial ängstliche Patienten haben im Durchschnitt einen Wert von 57, wobei die Mehrzahl (zwei Drittel) zwischen 35 und 79 Punkten liegt. Die Werte für sozial nicht ängstliche und nur zu Vergleichszwecken untersuchte Menschen liegen gesichert niedriger. Wenn Sie mit Ihren Punkten über dem Durchschnitt von sozial ängstlichen Patienten liegen, ist unbedingt eine Durcharbeitung des Programmes unter Anleitung anzuraten (Therapie).
Vergessen Sie nicht, dass soziale Angst nur einen Aspekt von gestörtem Selbstvertrauen und sozialer Kompetenz darstellt. Niedrigere Werte, wie sie etwa bei ständiger Vermeidung, falschen Strategien u. a. entstehen können, stellen noch keine Garantie dar, das Programm selbst mit vollem Erfolg nutzen zu können. Das Erlernen zweckmäßiger und differenzierter sozialer Handlungsweisen macht alleine mehr Schwierigkeiten als die reine Angstüberwindung.
Eine hohe Punktzahl spricht also für die Therapiedurchführung unter Anleitung.
Ein niedriger Wert ersetzt nicht die Abklärung durch einen Spezialisten.

Arbeitsblatt Nr. 2

Unsicherheits(U)-Fragebogen

Auf den folgenden Seiten finden Sie Feststellungen über das Verhalten in zwischenmenschlichen Situationen. Versuchen Sie, sich die betreffende Situation so anschaulich als möglich vorzustellen. Beurteilen Sie, wie Sie sich selbst in dieser konkreten Situation üblicherweise fühlen oder wie Sie reagieren würden. Dies ist zur Erklärung und Veränderung Ihres Verhaltens bzw. Ihrer Probleme von großer Bedeutung. Neben jeder Feststellung sind sechs Antwortmöglichkeiten angegeben.

Diese reichen von: 0: »Stimmt gar nicht« (trifft nie zu) bis 5: »Stimmt vollkommen« (trifft fast immer zu).

Die Zahlen 2, 3 und 4 geben Ihnen die Möglichkeit, Ihre Antworten feiner abzustufen: Sie bezeichnen eine zunehmende oder abnehmende Ausprägung, mit der die Feststellungen für Sie zutreffend sind. Beginnen Sie jetzt mit der Beantwortung auf den folgenden Seiten. Kreuzen Sie bei jeder Feststellung nur eine Zahl an. Setzen Sie Ihre Markierung auf die Zahlen und nicht in die Zwischenräume. Lassen Sie keine Feststellung aus, weil Ihr Therapeut sonst keine exakte Auswertung vornehmen kann. Arbeiten Sie zügig. Versuchen Sie nicht erst, einen guten Eindruck zu machen, es geht um Ihre Therapie und um Ihre Probleme.

Der Bogen dient auch zur Therapie-Kontrolle und ist sorgfältig aufzubewahren bzw. Ihrem Therapeuten auszuhändigen.

	stimmt gar nicht					stimmt vollkommen

1. Ich treffe Entscheidungen schnell und sicher ... 0 – 1 – 2 – 3 – 4 – 5

2. Ich erhalte nicht gerne Geschenke . . . . 0 – 1 – 2 – 3 – 4 – 5

3. Ich kann Kritik leicht und offen äußern . . . . 0 – 1 – 2 – 3 – 4 – 5

4. Ich finde es schwierig, mit einem Fremden
   ein Gespräch zu beginnen . . . . 0 – 1 – 2 – 3 – 4 – 5

5. Ich verlasse mich im Allgemeinen auf
   mein eigenes Urteil . . . . 0 – 1 – 2 – 3 – 4 – 5

6. Ich schlucke meinen Ärger immer runter . . . . . . 0 – 1 – 2 – 3 – 4 – 5

7. In der Diskussion fallen mir immer erst
   nachher die richtigen Argumente ein . . . . 0 – 1 – 2 – 3 – 4 – 5

8. Ich habe immer das Gefühl, andere Leute
   zu belästigen, wenn ich sie um eine Auskunft
   bitte . . . . 0 – 1 – 2 – 3 – 4 – 5

9. Ich unterlasse alles, was Widerspruch
   herausfordern könnte . . . . 0 – 1 – 2 – 3 – 4 – 5

10. Wenn mir jemand ins Wort fällt, fordere
    ich ihn auf, mich ausreden zu lassen . . . . 0 – 1 – 2 – 3 – 4 – 5

11. Ich muss öfters gegen meine Schüchternheit
    ankämpfen . . . . 0 – 1 – 2 – 3 – 4 – 5

12. Es ist mir gleichgültig, was andere Leute
    über mich denken . . . . 0 – 1 – 2 – 3 – 4 – 5

13. Ich vermeide es möglichst, Verantwortung
    zu übernehmen . . . . 0 – 1 – 2 – 3 – 4 – 5

14. Wenn ich in einem fremden Haus eingeladen
    bin, fühle ich mich die ganze Zeit über
    befangen . . . . 0 – 1 – 2 – 3 – 4 – 5

15. Ich neige dazu, mich für alles zu entschuldigen . 0 – 1 – 2 – 3 – 4 – 5

16. Eine Gesprächspause verunsichert mich stark .. 0 – 1 – 2 – 3 – 4 – 5

17. Ich bin zu höflich, um in einem Restaurant
    ein schlechtes Essen zu beanstanden . . . . 0 – 1 – 2 – 3 – 4 – 5

Auswertung/Zwischensumme
Antwortschlüssel

□	□	□	□	□	□
FE	**Ko**	**Fo**	**NN**	**S**	**A**

	stimmt gar nicht				stimmt vollkommen

18. Wenn mir der Besuch eines Freundes
wirklich ungelegen kommt, kann ich
ihm ohne weiteres absagen................ 0 – 1 – 2 – 3 – 4 – 5

19. Es stört mich, wenn andere Leute mir bei der
Arbeit zusehen .... 0 – 1 – 2 – 3 – 4 – 5

20. Bei Meinungsverschiedenheiten bin ich immer
der erste, der nachgibt .... 0 – 1 – 2 – 3 – 4 – 5

21. Ich habe leicht Schuldgefühle .... 0 – 1 – 2 – 3 – 4 – 5

22. Ich finde es schwierig, andere zu loben oder
ein Kompliment zu machen................. 0 – 1 – 2 – 3 – 4 – 5

23. Es ist mir äußerst unangenehm, in einer
Gesellschaft unpassend gekleidet zu sein .... 0 – 1 – 2 – 3 – 4 – 5

24. Ich bin sehr selbstsicher .... 0 – 1 – 2 – 3 – 4 – 5

25. Es ist mir unangenehm, eine Verkäuferin lange
in Anspruch zu nehmen.................... 0 – 1 – 2 – 3 – 4 – 5

26. Ich neige dazu, eher nachzugeben, als einen
Streit anzufangen......................... 0 – 1 – 2 – 3 – 4 – 5

27. Wenn ich lächerlich gemacht werde, kann ich
überhaupt nichts mehr erwidern .... 0 – 1 – 2 – 3 – 4 – 5

28. Es ist mir unangenehm, wenn ich jemandem
zu Dank verpflichtet bin .... 0 – 1 – 2 – 3 – 4 – 5

29. Ich wage es nie, offen zu sagen, was mir an
anderen nicht gefällt .... 0 – 1 – 2 – 3 – 4 – 5

30. Ich bin sehr verlegen, wenn ich im Mittel-
punkt des Interesses stehe .... 0 – 1 – 2 – 3 – 4 – 5

31. In Gegenwart von Autoritätspersonen bin
ich immer verwirrt .... 0 – 1 – 2 – 3 – 4 – 5

32. Eine Gehaltserhöhung zu fordern ist mir fast
unmöglich .... 0 – 1 – 2 – 3 – 4 – 5

33. Ich vermeide möglichst unangenehme
Auseinandersetzungen, auch wenn sie
notwendig wären .... 0 – 1 – 2 – 3 – 4 – 5

34. Wenn mich mein Vorgesetzter zu Unrecht
tadelt, kann ich mich immer erfolgreich
verteidigen.............................. 0 – 1 – 2 – 3 – 4 – 5

Auswertung/Zwischensumme

Antwortschlüssel

FE	Ko	Fo	NN	S	A

	stimmt gar nicht				stimmt vollkommen	

35. Auch wenn ich einen Freund dringend
brauche, würde ich ihn nie spät abends anrufen   0 – 1 – 2 – 3 – 4 – 5

36. Es fällt mir schwer, falsche Rechnungen
zu bemängeln ....   0 – 1 – 2 – 3 – 4 – 5

37. Ich lasse meine Entscheidungen leicht wieder
von anderen Leuten umwerfen.............   0 – 1 – 2 – 3 – 4 – 5

38. Es fehlt mir sicher an Selbstvertrauen.........   0 – 1 – 2 – 3 – 4 – 5

39. Ich äußere meinen Ärger sofort, wenn ein
Freund mich zu Unrecht kritisiert ....   0 – 1 – 2 – 3 – 4 – 5

40. Wenn jemand meine Arbeit kritisiert, bringe
ich gar nichts mehr zustande ....   0 – 1 – 2 – 3 – 4 – 5

41. Einem sehr zuvorkommenden Verkäufer
nehme ich immer etwas ab..................   0 – 1 – 2 – 3 – 4 – 5

42. Ich kann immer eine angemessene Bezahlung
für meine Arbeit fordern   0   1 – 2 – 3 – 4 – 5

43. Ich bin gewöhnlich still »um des lieben
Friedens willen« ....   0 – 1 – 2 – 3 – 4 – 5

44. Es ist mir unangenehm, Freunde um einen
Gefallen zu bitten ....   0 – 1 – 2 – 3 – 4 – 5

45. Ich habe oft Angst, lächerlich zu wirken ....   0 – 1 – 2 – 3 – 4 – 5

46. Ich würde mich in einem Restaurant nie bei
dem Geschäftsführer beschweren ....   0 – 1 – 2 – 3 – 4 – 5

47. Wenn ich zuwenig Wechselgeld zurück-
bekomme, lasse ich es dabei bewenden........   0 – 1 – 2 – 3 – 4 – 5

48. Ich wage es kaum, eigene Wünsche zu äußern...   0 – 1 – 2 – 3 – 4 – 5

49. Ich fühle mich sehr schnell hilflos............   0 – 1 – 2 – 3 – 4 – 5

50. In Gegenwart des anderen Geschlechts bin ich
immer schüchtern.........................   0 – 1 – 2 – 3 – 4 – 5

51. Ich habe ständig Angst, dass ich etwas Falsches
sagen oder tun könnte ....   0 – 1 – 2 – 3 – 4 – 5

52. Meine Forderungen kann ich leicht durch-
setzen ....   0 – 1 – 2 – 3 – 4 – 5

Auswertung/Zwischensumme
Antwortschlüssel

FE	Ko	Fo	NN	S	A

	stimmt gar nicht				stimmt vollkommen

53. Es ist mir peinlich, wenn andere mir ihre Hilfe
    anbieten .... 0 – 1 – 2 – 3 – 4 – 5

54. Wenn mein Chef sich in meinem Arbeitsraum
    aufhält, fühle ich mich befangen .... 0 – 1 – 2 – 3 – 4 – 5

55. Es macht mir nichts aus, in einem Restaurant
    laut nach dem Ober zu rufen .... 0 – 1 – 2 – 3 – 4 – 5

56. Wenn ich einem Bettler nichts gebe, habe ich
    Schuldgefühle .... 0 – 1 – 2 – 3 – 4 – 5

57. Es ist mir äußerst peinlich, bei einer
    Veranstaltung zu spät zu kommen .... 0 – 1 – 2 – 3 – 4 – 5

58. Ich verwahre mich dagegen, dass meine
    Familie sich in Dinge einmischt, die allein mich
    angehen .... 0 – 1 – 2 – 3 – 4 – 5

59. Es fällt mir schwer, jemandem zu sagen,
    dass ich ihn mag .... 0 – 1 – 2 – 3 – 4 – 5

60. Ich versuche fast immer, meine Gefühle zu
    verbergen .... 0 – 1 – 2 – 3 – 4 – 5

61. Mit einer fremden Person zu tanzen ist mir
    unangenehm .... 0 – 1 – 2 – 3 – 4 – 5

62. Ich vermeide fast immer, etwas zu sagen, was
    die Gefühle des anderen verletzen könnte ...... 0 – 1 – 2 – 3 – 4 – 5

63. Einem armen Hausierer kaufe ich immer
    etwas ab .... 0 – 1 – 2 – 3 – 4 – 5

64. Es ist mir unmöglich, mit Menschen, die mir
    nahestehen, zu streiten .... 0 – 1 – 2 – 3 – 4 – 5

65. Ich werde immer verlegen, wenn mir ein
    Kompliment gemacht wird .... 0 – 1 – 2 – 3 – 4 – 5

Auswertung/Zwischensumme
Antwortschlüssel

☐	☐	☐	☐	☐	☐
FE	**Ko**	**Fo**	**NN**	**S**	**A**

Auswertung

Messanlass: Vergleichsstichproben/Vergleichsmessungen

Subskalen		Rohwerte	Vergleichsstichproben/ Vergleichsmessungen		
FE	Faktor I: Fehlschlagangst	. . . .	. . . .	. . . .	. . . .
Ko	Faktor II: Kontaktangst	. . . .	. . . .	. . . .	. . . .
Fo	Faktor III: Fordernkönnen	. . . .	. . . .	. . . .	. . . .
NN	Faktor IV: Nicht nein Sagen	. . . .	. . . .	. . . .	. . . .
S	Faktor V: Schuldgefühle	. . . .	. . . .	. . . .	. . . .
A	Faktor VI: Anständigkeit	. . . .	. . . .	. . . .	. . . .
. . . .		. . . .	. . . .	. . . .	. . . .

Arbeitsblatt Nr. 8:

Die Situationsbewertungsskala SB

Diese Liste soll Ihnen helfen, eine Situation nach bedingungsanalytischen Aspekten zu bewerten, sie erlaubt eine Schätzung einzelner Elemente der Situationsbewältigung. Schreiben Sie zunächst eine besonders kritische Situation oben in die Zeile:

Die Situation .... finde ich zur Zeit ....

Aus Gründen der besseren Vergleichbarkeit wird diese kritische Situation meist vom Therapeuten vorgegeben. Solche Situationen könnten etwa im Sozialbereich sein:

- mit einer attraktiven Person ein Gespräch zu beginnen, um diese für ein Wiedersehen zu gewinnen,

- einen Vortrag vor mehr als 20 Menschen halten,

- öffentlich meinem Chef widersprechen,

- meinem besten Freund eine Bitte abschlagen etc.

Stellen Sie sich die vorgegebene Situation nun so lebhaft als irgend möglich vor.

Lesen Sie sich die beiden Begriffe neben den Zahlen 1 und 6 durch. Entscheiden Sie dann, welcher Begriff eher zutrifft. Haben Sie sich für das linke Wort entschieden, dann bedeutet

1 = stimmt vollkommen, trifft **sehr** zu,

2 = stimmt **deutlich**,

3 = stimmt **eher** als das rechte Wort.

Haben Sie sich für das rechte Wort entschieden, dann kreuzen Sie die Zahl 6 an, wenn es vollkommen stimmt oder sehr zutrifft, 5 wenn es deutlich stimmt oder zutrifft, 4 wenn es eher stimmt oder zutrifft als das linke Wort. Kreuzen Sie immer die betreffende Zahl an und nicht in den Zwischenräumen. Lassen Sie keine Zeile aus. Arbeiten Sie zügig. Bei Begriffen, die für Sie in der Situation selten zutreffen und schwierig zu beurteilen sind, wählen Sie eine 3 oder 4 je nach der allgemeinen Richtung Ihrer Einschätzung.

Beispiel 1:

Sie haben bei Nr. 1 die Begriffe

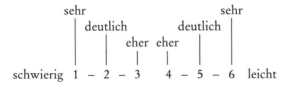

Sie finden die Situation eher leicht = 4 und markieren Nr. 4.

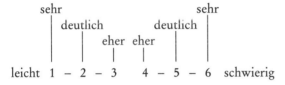

(falls eher »schwierig« = ✗ deutlich »leicht« = ✗ deutlich »schwierig« = ✗ . . . .
sehr »leicht« = ✗ sehr »schwierig« = ✗)

Achten Sie immer darauf, wie die Begriffe an den Zeilenpolen angeordnet sind:

Im **Beispiel 2:**

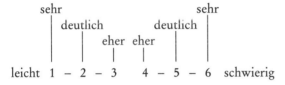

Würden Sie die 3 ankreuzen, wenn Sie die Situation eher leicht fänden, die 4 würde hier bedeuten, dass Sie die Situation eher schwierig als leicht bewerten. Sie würden hier die 1 ankreuzen, wenn Sie die Situation sehr leicht fänden, und die 6, wenn Sie die Situation sehr schwierig fänden. Die Bedeutung der Zahlen ist hier also genau umgekehrt wie in Beispiel 1.

Pro Zeile darf nur eine Entscheidung auf dem Bogen markiert werden.

Die Vorstellung/Situation . . . .
finde ich zur Zeit:

	sehr				sehr		
	deutlich			deutlich			
		eher	eher				

1. schwierig . . . . 1 − 2 − 3   4 − 5 − 6 . . . leicht

2. problematisch . . . . . 1 − 2 − 3   4 − 5 − 6 . . . einfach

3. undurchführbar . . . . 1 − 2 − 3   4 − 5 − 6 . . . leicht durchführbar

4. kompliziert . . . . 1 − 2 − 3   4 − 5 − 6 . . . unkompliziert

5. anstrengend . . . . 1 − 2 − 3   4 − 5 − 6 . . . mühelos

6. lösbar . . . . 1 − 2 − 3   4 − 5 − 6 . . . unlösbar

7. unüberwindbar . . . . 1 − 2 − 3   4 − 5 − 6 . . . lächerlich einfach

8. langweilend . . . . 1 − 2 − 3   4 − 5 − 6 . . . überfordernd

9. nicht zu bewältigen . 1 − 2 − 3   4 − 5 − 6 . . . leicht zu bewältigen

10. anspruchslos. . . . . . . 1 − 2 − 3   4 − 5 − 6 . . . anspruchsvoll

11. bedrohlich . . . . 1 − 2 − 3   4 − 5 − 6 . . . nicht bedrohlich

12. angenehm. . . . . 1 − 2 − 3   4 − 5 − 6 . . . unangenehm

13. riskant . . . . 1 − 2 − 3   4 − 5 − 6 . . . risikolos

14. ängstigend . . . . 1 − 2 − 3   4 − 5 − 6 . . . neutral

15. ungefährlich. . . . . . . 1 − 2 − 3   4 − 5 − 6 . . . gefährlich

16. besorgniserregend . . 1 − 2 − 3   4 − 5 − 6 . . . gleichgültig

17. quälend. . . . . 1 − 2 − 3   4 − 5 − 6 . . . amüsant

18. beruhigend. . . . . 1 − 2 − 3   4 − 5 − 6 . . . beunruhigend

19. ekelig . . . . 1 − 2 − 3   4 − 5 − 6 . . . nicht ekelig

20. panikerregend . . . . . 1 − 2 − 3   4 − 5 − 6 . . . gelassen machend

In der betreffenden Situation würde ich zur Zeit am liebsten:

	sehr	deutlich	eher	eher	deutlich	sehr	
21. bleiben	1	– 2	– 3	4	– 5	– 6	. . . weglaufen
22. nicht hingehen	1	– 2	– 3	4	– 5	– 6	. . . sie aufsuchen
23. ausharren	1	– 2	– 3	4	– 5	– 6	. . . abbrechen
24. von anderen erledigen lassen	1	– 2	– 3	4	– 5	– 6	. . . selber tun
25. allein aufsuchen	1	– 2	– 3	4	– 5	– 6	. . . Hilfe anfordern
26. mich betäuben	1	– 2	– 3	4	– 5	– 6	. . . wach ertragen
27. abschalten	1	– 2	– 3	4	– 5	– 6	. . . intensiv leben
28. daran denken	1	– 2	– 3	4	– 5	– 6	. . . mich ablenken
29. hinschauen	1	– 2	– 3	4	– 5	– 6	. . . wegsehen
30. mich vergewissern, dass alles stimmt	1	– 2	– 3	4	– 5	– 6	Kontrollen . . . unterlassen

In der betreffenden Situation fände ich mich selbst zur Zeit:

	sehr	deutlich	eher	eher	deutlich	sehr	
31. sympathisch	1	– 2	– 3	4	– 5	– 6	. . . unsympathisch
32. erfolglos	1	– 2	– 3	4	– 5	– 6	. . . erfolgreich
33. erfahren	1	– 2	– 3	4	– 5	– 6	. . . unerfahren
34. geschickt	1	– 2	– 3	4	– 5	– 6	. . . ungeschickt
35. ungebildet	1	– 2	– 3	4	– 5	– 6	. . . intelligent
36. anziehend	1	– 2	– 3	4	– 5	– 6	. . . abstoßend
37. fähig	1	– 2	– 3	4	– 5	– 6	. . . unfähig
38. ersetzbar	1	– 2	– 3	4	– 5	– 6	. . . unersetzbar
39. langweilig	1	– 2	– 3	4	– 5	– 6	. . . unterhaltsam
40. überlegen	1	– 2	– 3	4	– 5	– 6	. . . unterlegen

In der betreffenden Situation würde meine Umwelt*
(Familie, Freunde, Kollegen, Nachbarn etc.)
wahrscheinlich reagieren mit:

	sehr	deutlich	eher	eher	deutlich	sehr	
41. Lob	1	– 2	– 3	4 –	5	– 6	... Tadel
42. Nichtbeachtung	1	– 2	– 3	4 –	5	– 6	... Beachtung
43. Liebe	1	– 2	– 3	4 –	5	– 6	... Hass
44. Undank	1	– 2	– 3	4 –	5	– 6	... Dank
45. Kälte	1	– 2	– 3	4 –	5	– 6	... Zärtlichkeit
46. Kritik	1	– 2	– 3	4 –	5	– 6	... Zustimmung
47. Gerechtigkeit	1	– 2	– 3	4 –	5	– 6	... Ungerechtigkeit
48. Ausnützung	1	– 2	– 3	4 –	5	– 6	... Entlohnung
49. Aufmerksamkeit	1	– 2	– 3	4 –	5	– 6	... Gleichgültigkeit
50. Freundlichkeit	1	– 2	– 3	4 –	5	– 6	... Mürrischsein
51. Ablehnung	1	– 2	– 3	4 –	5	– 6	... Anerkennung
52. Belohnung	1	– 2	– 3	4 –	5	– 6	... Bestrafung
53. Gehässigkeit	1	– 2	– 3	4 –	5	– 6	... Nettigkeit
54. Bestätigung	1	– 2	– 3	4 –	5	– 6	... Herabsetzung
55. Entmutigung	1	– 2	– 3	4 –	5	– 6	... Ermutigung

* Beachten Sie: Wenn Sie die Situation in der Vorstellung bewerten, dann versuchen Sie die mögliche Reaktion der wichtigsten Bezugspersonen (etwa solche, mit denen Sie am häufigsten Kontakt haben) zu bewerten. Stellen Sie sich dabei vor, dass die Personen Sie beobachten könnten oder wie diese auf die Schilderung Ihres Verhaltens reagieren könnten.

Vom Klienten auszufüllen   Nur vom Therapeuten auszufüllen:

Datum: .... Institution: ....

Uhrzeit:........................ Kennziffer: ....

Name: .... Messanlass: ....

Vorname: .... Therapie: ....

Alter:........................... Situation:..........................

Geschlecht: ....

Auswertung

Subskalen		Rohwerte			
Faktor I:	**SCHW**				
Faktor II:	**BEDR**				
Faktor III:	**VM**				
Faktor IV:	**C+**				
Faktor V:	**C-**				
Faktor VI:	**SW+**				

SCHW = Schwierigkeit
BEDR = Bedrohlichkeit
VM   − Vermeidungstendenz
C+   = Positive Fremdkonsequenz: Ermutigung
C-   = Negative Fremdkonsequenz: Bestrafung
SW+   = Positive Selbsteinschätzung in der Handlung

Arbeitsblatt Nr. 9:

Emotionalitätsinventar-Situativ: EMI-S

Diese Liste soll Ihnen eine differenzierte Beurteilung Ihrer gefühlsmäßigen Reaktionen auf bestimmte Situationen erlauben und dient als Kontrolle zur besseren Abschätzung dieser Reaktionsweisen.

Sie geben dieselbe Situation wie bei der Situationsbewertung SB (Arbeitsblatt Nr. 8) vor, tragen diese unter

»In der Situation .... fühle ich mich (würde ich mich fühlen)«

ein und stellen sich die Situation so intensiv wie möglich vor. Dann wird gemäß der Situationsbewertung verfahren:
Bewerten Sie Ihre vorwiegenden Gefühle in der Situation.
Lesen Sie erst die beiden Begriffe pro Nummer durch, entscheiden Sie sich dann für den rechts- oder linksstehenden Begriff, der eher zutrifft. Die Zahl am nächsten zu dem zutreffenden Begriff gibt dann die stärkste Ausprägung an.

Beispiel:

Sie haben bei Nr. ✕ die Begriffe

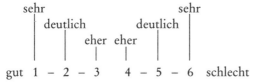

Sie fühlen sich eher gut = 3 und kreuzen die Zahl 3 an

gut 1 – 2 – ✖ 4 – 5 – 6 schlecht

(falls eher schlecht = 4, deutlich gut = 2, deutlich schlecht = 5, sehr gut = 1, sehr schlecht = 6)

Pro Zeile darf nur eine Entscheidung auf dem Antwortbogen markiert werden. Bitte arbeiten Sie zügig und lassen Sie keine Entscheidung aus.

Die Listen sollen Ihrem Therapeuten zur Beurteilung von Veränderungen vorgelegt werden. Neben der Therapiekontrolle kann die Bewertung einer Situation und der eigenen Reaktionsweisen und möglicher Konsequenzen eine Hilfe zur unterscheidenden Verhaltensbeobachtung sein.

In der Situation .... fühle ich mich vorwiegend:

	sehr				sehr	
		deutlich		deutlich		
			eher	eher		

1. gespannt .... 1 – 2 – 3   4 – 5 – 6 ... entspannt

2. locker .... 1 – 2 – 3   4 – 5 – 6 ... steif

3. starr............. 1 – 2 – 3   4 – 5 – 6 ... gelöst

4. zittrig .... 1 – 2 – 3   4 – 5 – 6 ... nicht zittrig

5. ruhig .... 1 – 2 – 3   4 – 5 – 6 ... zappelig

6. gelöst............ 1 – 2 – 3   4 – 5 – 6 ... verkrampft

7. antriebsarm ...... 1 – 2 – 3   4 – 5 – 6 ... angetrieben

8. völlig ausgeglichen.. 1 – 2 – 3   4 – 5 – 6 ... zum Aufspringen

9. federnd gespannt ... 1 – 2 – 3   4 – 5 – 6 ... angenehm schwer

10. explosiv.......... 1 – 2 – 3   4 – 5 – 6 ... bequem

11. gehemmt......... 1 – 2 – 3   4 – 5 – 6 ... frei

12. verschlossen...... 1 – 2 – 3   4 – 5 – 6 ... offen

13. furchtsam .... 1 – 2 – 3   4 – 5 – 6 ... furchtlos

14. zögernd.......... 1 – 2 – 3   4 – 5 – 6 ... spontan

15. schüchtern .... 1 – 2 – 3   4 – 5 – 6 ... selbstbewusst

16. draufgängerisch .... 1 – 2 – 3   4 – 5 – 6 ... zurückhaltend

17. entscheidungs-
    freudig .... 1 – 2 – 3   4 – 5 – 6 ... abwägend

18. unbefangen........ 1 – 2 – 3   4 – 5 – 6 ... befangen

19. vorsichtig .... 1 – 2 – 3   4 – 5 – 6 ... risikobereit

20. klar .... 1 – 2 – 3   4 – 5 – 6 ... blockiert

21. unruhig........... 1 – 2 – 3   4 – 5 – 6 ... ruhig

22. ausgeglichen....... 1 – 2 – 3   4 – 5 – 6 ... nervös

23. stabil............. 1   2 – 3   4 – 5 – 6 ... labil

24. Herzjagen......... 1 – 2 – 3   4 – 5 – 6 ... Herzruhe

In der Situation .... fühle ich mich vorwiegend:

	sehr deutlich eher	eher deutlich sehr	
25. hektisch	1 – 2 – 3	4 – 5 – 6	still
26. fröstelnd	1 – 2 – 3	4 – 5 – 6	wohlig warm
27. durcheinander	1 – 2 – 3	4 – 5 – 6	regelmäßig
28. bequem	1 – 2 – 3	4 – 5 – 6	unbequem
29. wohl	1 – 2 – 3	4 – 5 – 6	unwohl
30. überempfindlich	1 – 2 – 3	4 – 5 – 6	unempfindlich
31. kraftlos	1 – 2 – 3	4 – 5 – 6	kräftig
32. unternehmungs- lustig	1 – 2 – 3	4 – 5 – 6	erschöpft
33. tatendurstig	1 – 2 – 3	4 – 5 – 6	untätig
34. quicklebendig	1 – 2 – 3	4 – 5 – 6	erschlagen
35. todmüde	1 – 2 – 3	4 – 5 – 6	hellwach
36. passiv	1 – 2 – 3	4 – 5 – 6	aktiv
37. frisch	1 – 2 – 3	4 – 5 – 6	matt
38. träge	1 – 2 – 3	4 – 5 – 6	energievoll
39. munter	1 – 2 – 3	4 – 5 – 6	schlaff
40. schläfrig	1 – 2 – 3	4 – 5 – 6	dynamisch
41. friedlich	1 – 2 – 3	4 – 5 – 6	aggressiv
42. sanft	1 – 2 – 3	4 – 5 – 6	zornig
43. nachgiebig	1 – 2 – 3	4 – 5 – 6	trotzig
44. gelassen	1 – 2 – 3	4 – 5 – 6	wütend
45. gereizt	1 – 2 – 3	4 – 5 – 6	ausgeglichen
46. brav	1 – 2 – 3	4 – 5 – 6	böse
47. feindselig	1 – 2 – 3	4 – 5 – 6	versöhnlich
48. bissig	1 – 2 – 3	4 – 5 – 6	friedfertig

In der Situation .... fühle ich mich vorwiegend:

	sehr deutlich eher	eher deutlich sehr	
49. kompromissbereit ..	1 – 2 – 3	4 – 5 – 6	... kämpferisch
50. giftig	1 – 2 – 3	4 – 5 – 6	... neutral
51. unsicher	1 – 2 – 3	4 – 5 – 6	... sicher
52. vertraut...........	1 – 2 – 3	4 – 5 – 6	... unheimlich
53. ausgeliefert........	1 – 2 – 3	4 – 5 – 6	... geschützt
54. umsorgt	1 – 2 – 3	4 – 5 – 6	... verlassen
55. hilflos	1 – 2 – 3	4 – 5 – 6	... souverän
56. bedroht...........	1 – 2 – 3	4 – 5 – 6	... geborgen
57. todängstlich	1 – 2 – 3	4 – 5 – 6	... neutral
58. geordnet..........	1 – 2 – 3	4 – 5 – 6	... chaotisch
59. unbeachtet	1 – 2 – 3	4 – 5 – 6	... beachtet
60. geliebt............	1 – 2 – 3	4 – 5 – 6	... abgewiesen
61. heiter.............	1 – 2 – 3	4 – 5 – 6	... deprimiert
62. froh..............	1 – 2 – 3	4 – 5 – 6	... bedrückt
63. fröhlich...........	1 – 2 – 3	4 – 5 – 6	... traurig
64. lebensmüde	1 – 2 – 3	4 – 5 – 6	... lebensbejahend
65. pessimistisch	1 – 2 – 3	4 – 5 – 6	... optimistisch
66. hoffnungsvoll......	1 – 2 – 3	4 – 5 – 6	... resignierend
67. freudig	1 – 2 – 3	4 – 5 – 6	... weinerlich
68. zufrieden	1 – 2 – 3	4 – 5 – 6	... unzufrieden
69. betrübt	1 – 2 – 3	4 – 5 – 6	... beschwingt
70. nicht benötigt......	1 – 2 – 3	4 – 5 – 6	... benötigt

Vom Klienten auszufüllen   Nur vom Therapeuten auszufüllen:

Datum: .... Institution: ....

Uhrzeit:........................ Kennziffer: ....

Name: .... Messanlass: ....

Vorname: .... Therapie: ....

Alter: .... Situation: ....

Geschlecht: ....

Auswertung

Subskalen	Rohwerte			
Faktor I: **A**	....	....	....	....
Faktor II: **DE**	....	....	....	....
Faktor III: **ER**	....	....	....	....
Faktor IV: **AG**	....	....	....	....
Faktor V: **OP**	....	....	....	....
Faktor VI: **RI**	....	....	....	....
Faktor VII: **V**	....	....	....	....
....	....	....	....	....

Faktor I: ängstlich-gehemmte vs. gelöst-sichere Reaktion
Faktor II: depressiv-traurige vs. zufrieden-frohe Reaktion
Faktor III: erschöpft-passive vs. dynamisch-aktive Reaktion
Faktor IV: aggressiv-feindliche vs. friedfertig-nachgiebige Reaktion
Faktor V: optimistisch-bejahende vs. pessimistisch-resignative Reaktion
Faktor VI: risikobereit-offene vs. abwägend-verschlossene Reaktion
Faktor VII: Verlassenheits- vs. Geborgenheitsgefühl

Arbeitsblatt Nr. 10

AKTIVITÄTSLISTE – VERSTÄRKERBILANZ (AVB)

Auf dem folgenden Arbeitsblatt finden Sie relativ häufige soziale Interaktionen, Verhaltensweisen oder Ereignisse nach Situationsbereichen geordnet.

Gehen Sie jede einzelne Verhaltensweise durch und lassen Sie nichts aus. *Schätzen Sie zunächst in der rechten Rubrik Ihre derzeit vorwiegende Bewertung von —3 bis +3 für die möglichen Konsequenzen ein (»Ich empfinde es als«).*

Gehen Sie erst dann den Bogen noch einmal durch und kreuzen Sie in der linken Spalte die ungefähre Häufigkeit, mit der diese Verhaltensweisen im letzten Monat auftraten, an.

Vom Klienten auszufüllen:

Name: ....

Vorname: ....

Alter: ....

Geschlecht: ....

Schulbildung: ....

Beruf: ....

Nur vom Therapeuten auszufüllen:

Institution: ....

Kennziffer: ....

Meßanlaß: ....

Datum: ....

Dabei bedeutet:

0 = *gar nicht*, ich kann mich an keine entsprechende Verhaltensweise bei mir selbst oder anderen erinnern

1 = *selten*, ich konnte 1–5mal solche Verhaltensweisen bei mir selbst oder anderen im letzten Monat beobachten

2 = *oft*, ich konnte 5–10mal solche Verhaltensweisen bei mir selbst oder anderen im letzten Monat beobachten

3 = *sehr häufig*, ich konnte fast täglich solche Verhaltensweisen bei mir selbst oder anderen im letzten Monat beobachten.

Im dritten Arbeitsgang suchen Sie zusätzliche, für Sie persönlich sehr wichtige oder sehr häufige Ereignisse oder Verhaltensweisen zu jedem der Situationsbereiche. Tragen Sie die fünf wichtigsten jeweils in die Zeilen A/B/C/D/E ein und verfahren Sie wie oben (Wertigkeits- und Häufigkeitseinschätzung).

Auswertung:

Bereich 1: ....

Bereich 2: ....

Bereich 3: ....

Bereich 4: ....

Bereich 5: ....

Bereich 6: ....

Häufigkeit im letzten Monat

Verhaltensweise oder Ereignis

1. Bereich — Zu Hause, wenn ich allein bin

Ich empfinde es als:

Nr.	gar nicht 0	selten bis 5× 1	oft 5—10× 2	fast täglich 3	Verhaltensweise oder Ereignis	bestrafend −3	negativ −2	eher unangenehm −1	eher angenehm +1	positiv +2	unentbehrlich +3
1					Einfach abschalten und an nichts denken						
2					Fernsehen						
3					schöne Musik hören						
4					ein gutes Buch lesen						
5					Zeitschriften durchblättern						
6					die Tageszeitung lesen						
7					Kreuzworträtsel lösen oder ein Puzzle legen						
8					Entspannungsübungen machen						
9					Gymnastik betreiben						
10					mich schön kleiden						
11					ausgiebig baden						
12					mich vor dem Spiegel zurechtmachen						
13					in Ruhe mein Bier (Wein, Schnaps) trinken						
14					etwas Schmackhaftes zu mir nehmen						
15					mir selbst etwas kochen						
16					meine Wohnung/Zimmer schön einrichten						
17					aufräumen und putzen						

Nr.	0	1	2	3		-3	-2	-1	+1	+2	+3	
18					rauchen							
19					einen Anruf bekommen							
20					Post lesen							
21					malen, basteln, nähen, musizieren							
22					Briefe an Verwandte und Bekannte schreiben							
23					Medikamente oder Alkohol einnehmen							
24					an früher denken							
25					die Arbeit des alten Tages abschließen							
26					Pläne für die Zukunft schmieden							
27					mich meinen Wunschträumen hingeben							
28					über die Tagesereignisse nachdenken							
29					mich mit meinen Fehlern beschäftigen							
30					mal keine Beschwerden spüren							
31					mich aktiv fühlen							
32					im Bett liegen und dösen							
33					etwas lernen und mich fortbilden							
34					einmal ausschlafen können							
35					mit Bekannten telefonieren							

Nr.	0	1	2	3		−3	−2	−1	+1	+2	+3	
36					mir Gedanken darüber machen, wie es weitergehen soll							
37					private Sachen erledigen, die schon lange liegengeblieben sind							
38					einmal keine Angst spüren							
39					mich wohl und zufrieden fühlen							
40					an meine Freunde und Bekannten denken							
41					überlegen, wie es wäre, wenn ...							
42					denken, wie es einmal war							
43					überlegen, ob ich mich richtig verhalten habe							
44					überlegen, welchen Sinn mein Leben hat							
45					darüber nachdenken, ob ich ein Versager bin							
46					in Gedanken meine Erfolge durchgehen							
47					auf mich zukommende Situationen in Gedanken bewältigen							
48					bei auf mich zukommenden Situationen in Gedanken Mißerfolge erleiden							

Nr.	0	1	2	3	Was ich sonst noch sehr oft tue, wenn ich allein zu Hause bin, und wie ich es bewerte:	−3	−2	−1	+1	+2	+3		
1A													
1B													
1C													
1D													
1E													

Häufigkeit im letzten Monat

Verhaltensweise oder Ereignis

2. Bereich
Zu Hause, wenn ich mit meiner Familie oder guten Bekannten zusammen bin

Ich empfinde es als:

Nr.	gar nicht 0	selten bis 5× 1	oft 5—10× 2	fast täglich 3	Verhaltensweise oder Ereignis	bestrafend −3	negativ −2	eher unangenehm −1	eher angenehm +1	positiv +2	unentbehrlich +3
49					die Tagesereignisse erzählen						
50					nach meinem Befinden befragt werden						
51					für meine Arbeit gelobt werden						
52					ein Kompliment über mein Aussehen bekommen						
53					mit meiner Meinung recht haben						
54					anerkannt werden						
55					von meiner Familie keine neuen Probleme hören						
56					wenn keiner ein mürrisches Gesicht macht						
57					wenn mich die anderen in Ruhe lassen						
58					mich aussprechen						
59					schwierige Probleme klären						
60					in Ruhe und gepflegt speisen						
61					mein Partner (Kind, Eltern) mich fröhlich begrüßt						
62					mein Partner zärtlich ist						
63					mein Partner sagt, daß er mich mag						
64					mein Partner (Eltern) verständnisvoll auf meine Probleme eingeht/eingehen						

Nr.	0	1	2	3		−3	−2	−1	+1	+2	+3	
65					ich Sexualverkehr habe							
66					mich keiner fragt, was heute schon wieder schiefgegangen ist							
67					es keiner Streit gibt							
68					ich für andere sorgen kann							
69					ein unzufriedener Partner mich mit seinen Kümmernissen quält							
70					ich Liebe und Erfüllung für andere liefern kann							
71					ich meinen Spaß habe							
72					ein gemeinsames Spiel gemacht wird							
73					ich eine schwierige Entscheidung abgenommen bekomme							
74					ich eine Sache klären kann, wo die anderen sich nicht so auskennen							
75					einmal über meine Probleme reden können							
76					einmal nicht über die Arbeit (Schule, Haushalt) reden müssen							
77					jemandem zu Hause eine Freude bereiten							
78					Streit aus dem Wege gehen							
79					gemeinsam Probleme lösen							
80					bei einer Auseinandersetzung recht behalten							

Nr.	0	1	2	3		−3	−2	−1	+1	+2	+3		
81					philosophische Gespräche führen								
82					meinen Kopf durchsetzen								
83					einmal nicht nachgeben								
					Was ich sonst noch sehr oft tue, wenn ich zu Hause mit anderen zusammen bin, und wie ich es bewerte:								
2A													
2B													
2C													
2D													
2E													

Häufigkeit im letzten Monat

Verhaltensweise oder Ereignis

3. Bereich Freizeit

Ich empfinde es als:

Nr.	Häufigkeit: gar nicht 0	selten bis 5× 1	oft 5—10× 2	fast täglich 3	Verhaltensweise oder Ereignis	bestrafend −3	negativ −2	eher unangenehm −1	eher angenehm +1	positiv +2	unentbehrlich +3
84					einmal ganz für mich sein						
85					einmal alleine wegfahren						
86					mit guten alten Freunden zusammen sein						
87					etwas unternehmen						
88					neue Leute kennenlernen						
89					wandern						
90					Sport treiben						
91					ins Kino gehen						
92					gepflegt essen gehen						
93					ein Theater oder Konzert besuchen						
94					im Lokal noch einen heben						
95					Kegeln oder einen Gymnastikkurs besuchen						
96					Kartenspielen						
97					etwas für meine berufliche Fortbildung tun						
98					Tanzen						
99					Probleme diskutieren						
100					Verreisen						
101					Auto fahren						
102					über meine Arbeit reden können						
103					Verwandte besuchen						

Nr.	0	1	2	3		-3	-2	-1	+1	+2	+3	
104					Schwimmen gehen							
105					jemanden telefonisch zu einem Treffen einladen							
106					einen Wochenendausflug machen							
107					einen Arzt oder Psychologen aufsuchen							
108					mich aktiv bei sozialen oder politischen Fragen einsetzen							
109					Museen oder Ausstellungen besichtigen							
110					mit meinem Partner oder meiner Familie daheim bleiben							
111					Geschäfte ansehen und Sachen kaufen							
112					in einem Café sitzen							
113					einen Stadtbummel machen							
114					eine Einladung zu einer Feier oder Party erhalten							
115					selbst Gäste einladen							
116					in einer fröhlichen Runde zusammensitzen							
117					ganz ungestört meinem Hobby nachgehen							
118					über meine Interessen diskutieren							
119					einfach mit guten Freunden zwanglos plaudern							
120					mir die Probleme von anderen anhören							

Nr.	0	1	2	3		−3	−2	−1	+1	+2	+3
121					selbst über meine Sorgen und Schwierigkeiten reden können						
					Andere für mich wichtige Freizeitaktivitäten und wie ich sie bewerte:						
3A											
3B											
3C											
3D											
3E											

Häufigkeit im letzten Monat — Ich empfinde es als:

gar nicht 0	selten bis 5× 1	oft 5—10× 2	fast täglich 3	Nr.	Verhaltensweise oder Ereignis — 4. Bereich: Arbeit, Schule, Haushalt	bestrafend −3	negativ −2	eher unangenehm −1	eher angenehm +1	positiv +2	unentbehrlich +3
				122	ein Kollege fragt mich um Rat						
				123	Kollegen hören zu, wenn ich was erkläre						
				124	etwas fertigstellen						
				125	mein Ziel erreicht haben						
				126	möglichst pünktlich wegkommen						
				127	eine Pause einlegen						
				128	krankfeiern						
				129	alles ordentlich erledigen						
				130	anderen bei der Arbeit helfen können						
				131	besser als andere sein						
				132	vom Vorgesetzten als gutes Beispiel genannt werden						
				133	spüren, daß mein Chef mit mir zufrieden ist						
				134	eine Arbeit abschließen						
				135	eine geschickte Lösung zur Vereinfachung der Arbeit finden						
				136	abends meinem Partner Ereignisse aus der Arbeit erzählen können						
				137	von meiner Familie für meine Arbeit gelobt werden						

Nr.	0	1	2	3		-3	-2	-1	+1	+2	+3	
138					ich es meinen Mitarbeitern gegeben habe							
139					der Chef (meine Familie) mich heute nicht kritisiert hat							
140					ich keine Fehler gemacht habe							
141					ich nicht so kaputt bin wie sonst							
142					wenn ich aufdringliche Mitarbeiter zurück-gewiesen habe							
143					für einen wichtigen Beitrag herausgestellt werden							
144					von Kollegen um Hilfe gebeten werden							
145					mit anderen gemeinsam eine Verbesserung erreicht haben							
146					auf die Mittagspause verzichten, um alles zu schaffen							
147					eine Vergünstigung beim Chef oder Betriebsrat erreichen							
148					meine Arbeit geschickt ausführen							
149					etwas zügig erledigt haben							
150					etwas neuartig und originell zu machen							
151					sehr viel geschafft haben							
152					meine Arbeit ohne Störungen abschließen							
153					etwas mit anderen zusammen geschafft haben							
154					mich nicht ausgenutzt fühlen							

Nr.	0	1	2	3		−3	−2	−1	+1	+2	+3
155					nicht dumm angeredet werden						
156					die anderen anerkennen, was ich leiste						
					Andere für mich wichtige Aktivitäten aus dem Arbeitsbereich und wie ich sie bewerte:						
4A											
4B											
4C											
4D											
4E											

gar nicht 0	selten bis 5× 1	oft 5–10× 2	fast täglich 3	Nr.		bestrafend −3	negativ −2	eher unangenehm −1	eher angenehm +1	positiv +2	unentbehrlich +3
					5. Bereich Flüchtige Kontakte mit Fremden						
				157	angeschaut werden, wenn ich rede						
				158	von anderen freundlich zurückgegrüßt werden						
				159	von niemandem beachtet werden						
				160	im Mittelpunkt des Interesses stehen						
				161	die Hilfe anderer erhalten						
				162	Mitleid und Rücksichtnahme verspüren						
				163	mein Recht durchsetzen und andere zum Nachgeben bewegen						
				164	mit Fremden ins Gespräch kommen						
				165	andere Leute betrachten						
				166	anderen mit einer Auskunft weiterhelfen können						
				167	möglichst nicht aufgefallen sein						
				168	meine Anliegen auch gegen Widerstand durchsetzen						
				169	neue Bekanntschaften machen						
				170	zu sehen, wenn andere sich freuen						
				171	andere mir Platz machen						
				172	andere sich vordrängeln						
				173	ich übergangen werde						

Nr.	0	1	2	3		−3	−2	−1	+1	+2	+3
174					angelächelt werden						
175					jemandem behilflich sein						
176					anderen aus dem Weg gehen						
177					mich laut beschweren						
178					mich ärgern, weil ich übervorteilt wurde						
					Andere für mich wichtige Aktivitäten aus dem Bereich: Flüchtige Kontakte mit Fremden						
5A											
5B											
5C											
5D											
5E											

Häufigkeit im letzten Monat

Verhaltensweise oder Ereignis

6. Bereich

In einer Gruppe miteinander zu lernen

Ich empfinde es als:

Nr.	gar nicht 0	selten bis 5× 1	oft 5—10× 2	fast täglich 3	Verhaltensweise oder Ereignis	bestrafend −3	negativ −2	eher unangenehm −1	eher angenehm +1	positiv +2	unentbehrlich +3
179					in einer Gruppe etwas gemeinsam erarbeiten						
180					den Rat von Sachverständigen erhalten						
181					fühlen, daß ich akzeptiert werde						
182					für meine Fortschritte gelobt werden						
183					sachliche Kritik und Anleitung empfangen						
184					beachtet werden, wenn ich etwas sage						
185					eine Aufgabe gut lösen						
186					anderen helfen können						
187					nach meiner Meinung gefragt werden						
188					angeschaut werden						
189					angelächelt werden						
190					andere offen anschauen						
191					die Fortschritte der anderen loben						
192					die Probleme anderer lösen helfen						
193					sehen, daß andere mit mir zufrieden sind						
194					mich selbst für etwas loben						
195					mich entspannt fühlen						
196					in sozialen Situationen Erfolg haben						
197					recht bekommen						

Nr.	0	1	2	3		−3	−2	−1	+1	+2	+3
198					eine Übung gut schaffen						
199					andere anlächeln						
200					respektiert werden mit meiner Meinung						
					Andere für mich wichtige Aktivitäten:						
6A											
6B											
6C											
6D											
6E											

Arbeitsblatt Nr. 11

Das Emotionalitätsinventar EMI als Befindlichkeitsmaß

In diesem Fragebogen geht es um Ihr Befinden in der vorangegangenen Woche. Überlegen Sie jeweils, wie Sie sich in der letzten Woche überwiegend gefühlt haben und kreuzen Sie dann die zutreffende Zahl an.

Lesen Sie zunächst die beiden entgegengesetzten Gefühle pro Zeile durch und entscheiden Sie dann, welche Richtung für Sie eher zutraf.
Dann stufen Sie Ihre Antwort ab nach:

>   eher zutreffend
>   deutlich zutreffend
>   sehr zutreffend

Achten Sie darauf, dass die Pole beider Seiten sich oft abwechseln, das heißt: »positive« Gefühle können links oder rechts in der Zeile auftauchen.

Beispiel:

Sie haben bei Nr. ✕ die Begriffe

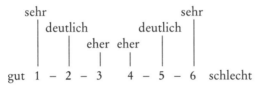

Sie haben sich während der letzten Woche vorwiegend »sehr gut« gefühlt und kreuzen die Zahl »1« an (falls sehr schlecht die Zahl »6«).
Oder Sie haben sich »deutlich gut« gefühlt und kreuzen die Zahl »2« an (falls deutlich schlecht die Zahl »5«).
Oder Sie haben sich »eher gut« als schlecht gefühlt, dann kreuzen Sie die Zahl »3« an (falls »eher schlecht« als gut die Zahl »4«).

Pro Zeile darf nur eine Zahl angekreuzt werden. Es darf keine Zeile ausgelassen werden.
Kreuzen Sie die Zahlen und nicht die Zwischenräume an.

Während der letzten Woche fühlte ich mich vorwiegend:

	sehr	deutlich	eher	eher	deutlich	sehr	

1. gespannt .... 1 – 2 – 3   4 – 5 – 6 ... entspannt

2. locker .... 1 – 2 – 3   4 – 5 – 6 ... steif

3. starr.............. 1 – 2 – 3   4 – 5 – 6 ... gelöst

4. zittrig .... 1 – 2 – 3   4 – 5 – 6 ... nicht zittrig

5. ruhig............. 1 – 2 – 3   4 – 5 – 6 ... zappelig

6. gelöst............. 1 – 2 – 3   4 – 5 – 6 ... verkrampft

7. antriebsarm .... 1 – 2 – 3   4 – 5 – 6 ... angetrieben

8. völlig ausgeglichen.. 1 – 2 – 3   4 – 5 – 6 ... zum Aufspringen

9. federnd gespannt ... 1 – 2 – 3   4 – 5 – 6 ... angenehm schwer

10. explosiv.......... 1 – 2 – 3   4 – 5 – 6 ... bequem

11. gehemmt......... 1 – 2 – 3   4 – 5 – 6 ... frei

12. verschlossen....... 1 – 2 – 3   4 – 5 – 6 ... offen

13. furchtsam......... 1 – 2 – 3   4 – 5 – 6 ... furchtlos

14. zögernd.......... 1 – 2 – 3   4 – 5 – 6 ... spontan

15. schüchtern .... 1 – 2 – 3   4 – 5 – 6 ... selbstbewusst

16. draufgängerisch .... 1 – 2 – 3   4 – 5 – 6 ... zurückhaltend

17. entscheidungs-
    freudig .... 1 – 2 – 3   4 – 5 – 6 ... abwägend

18. unbefangen........ 1 – 2 – 3   4 – 5 – 6 ... befangen

19. vorsichtig .... 1 – 2 – 3   4 – 5 – 6 ... risikobereit

20. klar .... 1 – 2 – 3   4 – 5 – 6 ... blockiert

21. unruhig........... 1 – 2 – 3   4 – 5 – 6 ... ruhig

22. ausgeglichen....... 1 – 2 – 3   4 – 5 – 6 ... nervös

23. stabil .... 1 – 2 – 3   4 – 5 – 6 ... labil

24. Herzjagen......... 1 – 2 – 3   4 – 5 – 6 ... Herzruhe

Während der letzten Woche fühlte ich mich vorwiegend:

	sehr	deutlich	eher	eher	deutlich	sehr	

25. hektisch . . . . 1 – 2 – 3   4 – 5 – 6 . . . still

26. fröstelnd . . . . 1 – 2 – 3   4 – 5 – 6 . . . wohlig warm

27. durcheinander . . . . . 1 – 2 – 3   4 – 5 – 6 . . . regelmäßig

28. bequem . . . . 1 – 2 – 3   4 – 5 – 6 . . . unbequem

29. wohl . . . . 1 – 2 – 3   4 – 5 – 6 . . . unwohl

30. überempfindlich . . . 1 – 2 – 3   4 – 5 – 6 . . . unempfindlich

31. kraftlos . . . . 1 – 2 – 3   4 – 5 – 6 . . . kräftig

32. unternehmungs-
    lustig . . . . 1 – 2 – 3   4 – 5 – 6 . . . erschöpft

33. tatendurstig . . . . 1 – 2 – 3   4 – 5 – 6 . . . untätig

34. quicklebendig . . . . . . 1 – 2 – 3   4 – 5 – 6 . . . erschlagen

35. todmüde . . . . 1 – 2 – 3   4 – 5 – 6 . . . hellwach

36. passiv . . . . 1 – 2 – 3   4 – 5 – 6 . . . aktiv

37. frisch . . . . 1 – 2 – 3   4 – 5 – 6 . . . matt

38. träge . . . . 1 – 2 – 3   4 – 5 – 6 . . . energievoll

39. munter . . . . 1 – 2 – 3   4 – 5 – 6 . . . schlaff

40. schläfrig . . . . 1 – 2 – 3   4 – 5 – 6 . . . dynamisch

41. friedlich . . . . 1 – 2 – 3   4 – 5 – 6 . . . aggressiv

42. sanft . . . . 1 – 2 – 3   4 – 5 – 6 . . . zornig

43. nachgiebig . . . . 1 – 2 – 3   4 – 5 – 6 . . . trotzig

44. gelassen . . . . 1 – 2 – 3   4 – 5 – 6 . . . wütend

45. gereizt . . . . 1 – 2 – 3   4 – 5 – 6 . . . ausgeglichen

46. brav . . . . 1 – 2 – 3   4 – 5 – 6 . . . böse

47. feindselig . . . . 1 – 2 – 3   4 – 5 – 6 . . . versöhnlich

48. bissig . . . . 1 – 2 – 3   4 – 5 – 6 . . . friedfertig

Während der letzten Woche fühlte ich mich vorwiegend:

	sehr	deutlich	eher	eher	deutlich	sehr	

49. kompromissbereit . . 1 – 2 – 3   4 – 5 – 6 . . . kämpferisch

50. giftig . . . . 1 – 2 – 3   4 – 5 – 6 . . . neutral

51. unsicher . . . . 1 – 2 – 3   4 – 5 – 6 . . . sicher

52. vertraut . . . . 1 – 2 – 3   4 – 5 – 6 . . . unheimlich

53. ausgeliefert . . . . 1 – 2 – 3   4 – 5 – 6 . . . geschützt

54. umsorgt . . . . 1 – 2 – 3   4 – 5 – 6 . . . verlassen

55. hilflos . . . . 1 – 2 – 3   4 – 5 – 6 . . . souverän

56. bedroht . . . . 1 – 2 – 3   4 – 5 – 6 . . . geborgen

57. todängstlich . . . . 1 – 2 – 3   4 – 5 – 6 . . . neutral

58. geordnet . . . . 1 – 2 – 3   4 – 5 – 6 . . . chaotisch

59. unbeachtet . . . . 1 – 2 – 3   4 – 5 – 6 . . . beachtet

60. geliebt . . . . 1 – 2 – 3   4 – 5 – 6 . . . abgewiesen

61. heiter . . . . 1 – 2 – 3   4 – 5 – 6 . . . deprimiert

62. froh . . . . 1 – 2 – 3   4 – 5 – 6 . . . bedrückt

63. fröhlich . . . . 1 – 2 – 3   4 – 5 – 6 . . . traurig

64. lebensmüde . . . . 1 – 2 – 3   4 – 5 – 6 . . . lebensbejahend

65. pessimistisch . . . . . . 1 – 2 – 3   4 – 5 – 6 . . . optimistisch

66. hoffnungsvoll . . . . . . 1 – 2 – 3   4 – 5 – 6 . . . resignierend

67. freudig . . . . 1 – 2 – 3   4 – 5 – 6 . . . weinerlich

68. zufrieden . . . . 1 – 2 – 3   4 – 5 – 6 . . . unzufrieden

69. betrübt . . . . 1 – 2 – 3   4 – 5 – 6 . . . beschwingt

70. nicht benötigt . . . . . . 1 – 2 – 3   4 – 5 – 6 . . . benötigt

Vom Klienten auszufüllen   Nur vom Therapeuten auszufüllen:

Datum: .... Institution: ....

Name: .... Kennziffer: ....

Vorname: .... Messanlass: ....

Alter: ....

Geschlecht: ....

Schulbildung: ....

Beruf: ....

Auswertung

Subskalen	Rohwerte			
Faktor I: **A**				
Faktor II: **DE**				
Faktor III: **ER**				
Faktor IV: **AG**				
Faktor V: **HE**				
Faktor VI: **V**				
Faktor VII: **GAB**				

Faktor I: ängstliches vs. angstfreies Befinden
Faktor II: depressive vs. frohe Stimmung
Faktor III: erschöpftes vs. dynamisches Befinden
Faktor IV: aggressive vs. nachgiebige Stimmung
Faktor V: gehemmtes vs. spontanes Befinden
Faktor VI: Verlassenheits- vs. Geborgenheitsgefühl
Faktor VII: gestörtes Allgemeinbefinden vs. Wohlbefinden

Arbeitsblatt Nr. 12

Therapievertrag

Zur Durchführung des »Assertiveness-Training-Programms« ATP oder der folgenden Therapie ....
zwischen

....
(Name und vollständige Anschrift des Klienten)
und

....
(Name und vollständige Anschrift des Therapeuten)

1. Die Verpflichtungen des Klienten:
   Ich habe mich entschlossen, an dem Assertiveness-Training-Programm oder an der folgenden Therapie: ....
   teilzunehmen. Die Gründe für die Teilnahme und meine persönliche Zielsetzung wurden mit meinem Therapeuten besprochen. Ich bin darüber unterrichtet, dass die Therapie von der genauesten Beachtung der Regeln und der Therapeutenratschläge abhängt.
   Deshalb verpflichte ich mich hiermit:
   1.1 Während der gesamten Therapiedauer bis zur vereinbarten Nachuntersuchung an den Sitzungen **regelmäßig und pünktlich** teilzunehmen. Ich bin darüber unterrichtet, dass unnötiges Fehlen nicht nur mein Therapieziel gefährdet, sondern auch den Anstrengungen der anderen Teilnehmer schadet.
   1.2 Ich verpflichte mich dazu, alle Übungen und Hausaufgaben durchzuführen, nicht abzubrechen oder zu umgehen.
   Ich bin unterrichtet, dass **alles Vermeiden** von Übungen meine Schwierigkeiten verschlimmern kann, einem Neulernen im Wege steht und deshalb **unbedingt zu unterbleiben** hat.
   1.3 Ich verpflichte mich, selbst aktiv an meinen Lernzielen zu arbeiten und alles zu unternehmen, um das Erlernte auch oft anzuwenden. Ich bin davon unterrichtet, dass **das geübte Verhalten so oft als möglich** auch außerhalb der Therapiestunden angewendet werden sollte, um die neuen Verhaltensweisen zu festigen.
   1.4 Ich verpflichte mich zur genauesten Durchführung der Hausaufgaben. Ich bin darüber informiert, dass es entscheidend ist, das Geübte auch im normalen Alltag anzuwenden. Außerdem weiß ich, dass ich neue Verhaltensweisen erst angstfrei und ohne Schwierigkeiten beherrschen muss, bevor ich deren Bedeutung in meiner sozialen Umgebung voll erkennen und nutzen kann.

1.5 Ich verpflichte mich, die Übungen systematisch in der vorgegebenen Schwierigkeit durchzuführen und nicht auf eigene Faust vorzugreifen. Ich bin darüber unterrichtet, dass der wissenschaftliche Nachweis des Therapieerfolgs für das schrittweise Vorgehen erbracht worden ist. Ich weiß, dass nur bei diesem Vorgehen keiner der Teilnehmer überfordert ist.

1.6 Ich verpflichte mich dazu, meinen Therapeuten über auftauchende Schwierigkeiten in Bezug auf das Verständnis, die Durchführung, die Erarbeitung oder Anwendung der Therapie zu informieren.

1.7 Ich verpflichte mich dazu, alles zu unternehmen, um den Mitgliedern meiner Lerngruppe bei der Erreichung ihrer Ziele behilflich zu sein und alles zu unterlassen, was den einzelnen oder der Gruppenatmosphäre schadet. Ich bin darüber informiert, dass sich alle Mitglieder dieser Lerngruppe zum gemeinsamen Probieren und Experimentieren mit neuem Verhalten zusammenfinden und sich dabei gegenseitig helfen müssen. Ich weiß, dass eine angenehme Gruppenatmosphäre günstige Lernbedingungen für alle schafft.

1.8 Ich verpflichte mich, die Schweigepflicht in Bezug auf meine Gruppenmitglieder zu wahren und keine Information zur Person und ihren Problemen Dritten gegenüber weiterzugeben.

1.9 Ich verpflichte mich zur gewissenhaften Ausfüllung der vorgesehenen Fragebögen und Arbeitsblätter: . . . .
zur Durchführung der Verhaltenstests in Form von: . . . .
. . . .
und bin bereit, an Nachkontrollen im Abstand von: . . . .
in Form von: . . . .
teilzunehmen.

2. Die Garantie des Therapeuten:

2.1 Aufgrund der eingehenden Bedingungsanalyse Ihrer Schwierigkeiten können Sie an dieser Therapie mit Aussicht auf Erfolg teilnehmen. Ich verpflichte mich, Ihnen den Abschluss der gesamten Therapie persönlich zu ermöglichen oder eine geeignete Empfehlung für die Fortführung der Therapie im Gebiet der differenzierenden Anwendung (Teil III des ATP)* zu geben.

2.2 Ich werde mich bemühen, Ihnen die Therapie unter Nutzung aller verfügbaren Lernhilfen zu vermitteln und Sie insbesondere in die praktische Anwendung der Prinzipien sozialer Steuerung, die Sie im ersten Teil des ATP kennengelernt haben, einzuführen.

2.3 Ich werde mich bemühen, Ihnen bei der Kontrolle Ihres Lernfortschrittes behilflich zu sein.

2.4 Die Therapie basiert auf einem wissenschaftlich entwickelten und ausreichend überprüften Programm.
Die Therapie geht in Schritten wachsender Schwierigkeiten vor sich. Sie

*) Nichtzutreffendes streichen

kann von jedem Teilnehmer erfolgreich durchgeführt werden. Das ATP umfasst die notwendigen Bedingungsanalysen (siehe Teil I) und die notwendigen Einzeltherapien und Gruppentherapiestunden. Diese verteilen sich je zur Hälfte auf den Grundkurs (hier vorliegender Teil) und auf den Fortführungskurs »Differenzierende Anwendung« (Teil III). Dazu kommen Hausaufgaben, Selbststudium und möglichst häufiges, eigenes Anwenden der Regeln. Die Gruppentherapie wird mit maximal 8 Teilnehmern durchgeführt.

2.5 Für Schwierigkeiten und Probleme, die außerhalb der Zielrichtung dieser Therapie liegen, gelten gesonderte Vereinbarungen.

2.6 Ich behalte mir vor, bei einer schwerwiegenden Gefährdung der Therapieziele durch einzelne Klienten, etwa bei mehrmaligem Fehlen ohne zwingende Gründe oder bei wiederholter Übungsverweigerung, diese im Interesse der Gruppe aus der Therapie auszuschließen. Selbstverständlich werde ich vorher alle therapeutischen Möglichkeiten einsetzen, um die Gründe des Vertragsbruches zu klären und zu überwinden.

3. Die Sitzungen finden jeweils zu folgenden Zeiten statt: . . . .
   Wochentage: . . . .
   Uhrzeit: von . . . . bis . . . .

4. Die Therapie wird voraussichtlich ca. . . . . . . Sitzungen benötigen (Einzel- oder Gruppenbehandlung) und voraussichtlich in der Zeit von . . . .
   bis . . . . stattfinden.

5. Pro Sitzung werden berechnet: . . . .

6. Sonstiges: . . . .
   . . . .
   . . . .
   . . . .
   . . . .

Mit den Bedingungen dieses Vertrages erkläre ich mich einverstanden

. . . . , den . . . .

. . . .
(Therapeut)   (Klient)

Im Assertiveness-Training-Programm sind von den Autoren Ullrich/de Muynck in der Reihe Leben lernen *auch erschienen:*

ATP 1: Einübung von Selbstvertrauen – Bedingungen und Formen sozialer Schwierigkeiten

7., stark erweiterte Auflage 1998
188 Seiten, Broschur
ISBN 3-7904-0653-8
Leben lernen 122/1

Band 1 der Patientenbücher bietet eine umfassende Einführung in die verhaltenstherapeutischen Grundlagen. Darüber hinaus eignet sich das Buch zur Vorbereitung und Ergänzung von Therapien im Bereich sozialer Ängste und Selbstunsicherheit. In der stark überarbeiteten Neuausgabe werden soziale Störungen in ihrer wechselseitigen Steuerung mit dem eigenen Verhalten ausführlich dargestellt.

Folgende Arbeitsblätter zur Problemanalyse sind in den Band integriert:

Nr. 1: Fehlschlagangst-Fragebogen (FAF)

Nr. 2: Unsicherheitsfragebogen (U)

Nr. 3: Rollenfunktion und Verhalten

Nr. 4: Liste alter und gegenwärtiger Probleme

Nr. 5: Das Erkennen problematischer Situationen durch die Feststellung der Vermeidungsstrategien

Nr. 6: Die unangenehmen Gefühle beim Aufsuchen bislang vermiedener Situationen

Nr. 7: Meine derzeitige Wertorientierung

Im Assertiveness-Training-Programm sind von den Autoren
Ullrich/de Muynck in der Reihe Leben lernen *auch erschienen:*

ATP 3: Einübung von Selbstvertrauen und kommunikative Problemlösung – Anwendung in Freundeskreis, Arbeit und Familie

6, überarbeitete und erweiterte Auflage 1998
204 Seiten, Broschur
ISBN 3-7904-0655-4
Leben lernen 122/3

Hier werden die Übungen des Grundkurses in den Bereichen Angst vor Kritik, öffentliche Beachtung und Fehlschläge, Angst bei Kontaktaufnahme und Bindung, Angst, eigene Bedürfnisse zuzulassen und berechtigte Forderungen zu vertreten, fortgeführt. Anwendungsbereiche sind Arbeit, Familie und Freunde.
Konfliktlösestrategien und Kommunikationsregeln werden in steigendem Anforderungsniveau mit dem Klienten zusammen entwickelt und erprobt. Erläuterungen zu den sozialen Strukturen von Nachbarschaft, Freundschaft, Arbeit und Familie ergänzen den Praxisteil.

Im Anhang des Buches finden sich folgende Arbeitsblätter:

Nr. 1: Fehlschlagangst-Fragebogen (FAF)

Nr. 2: Unsicherheitsfragebogen (U)

Nr. 8: Die Situationsbewertungsskala (SB)

Nr. 9: Das Emotionalitätsinventar Situativ (EMI-S)

Nr. 11: Das Emotionalitätsinventar EMI als Befindlichkeitsmaß (EMI-B)

Nr. 14: Beurteilung der Therapie nach Abschluss der Behandlung